门店连单成交系统

如何让客户的购买从 1 到多

邰昌宝　著

北京联合出版公司
Beijing United Publishing Co.,Ltd.

图书在版编目（CIP）数据

门店连单成交系统：如何让顾客的购买从 1 到多 / 郜昌宝著 .
-- 北京：北京联合出版公司，2015.8
（企业成长力书架）
ISBN 978-7-5502-5950-8

Ⅰ . ①门… Ⅱ . ①郜… Ⅲ . ①商店 – 销售管理 Ⅳ . ① F717

中国版本图书馆 CIP 数据核字 (2015) 第 197604 号

门店连单成交系统：如何让顾客的购买从 1 到多

作　　者：郜昌宝
责任编辑：丰雪飞

北京联合出版公司出版
（北京市西城区德外大街 83 号楼 9 层 100088）
北京时捷印刷有限公司 新华书店经销
字数 191 千字 787mm×1092mm 1/16 14.625 印张
2015 年 9 月第 1 版 2018 年 10 月第 3 次印刷
ISBN 978-7-5502-5950-8
定价：45.00 元

序言
思路决定出路，门店决定财路

在产品日趋同质化、竞争愈加激烈的今天，门店在企业的经营中也发挥着越来越重要的影响和作用。许多企业也渐渐开始意识到，门店作为企业产品销售的终端环节，门店业绩决定着企业生死。

如果说思路决定出路，那么门店则决定了企业的财路。

而连单销售更是门店零售终端特有的销售模式，它不仅反映了企业终端在销售力、竞争力等综合实力上的表现，更反映了门店销售人员（如店长、门店销售人员）对重点销售事件的处理能力及主观能动性。

今天，企业要想决胜市场终端、提高门店的销售业绩，首先必须提高门店销售人员的连单技能水平。

许多坚守在一线的门店销售人员，经常会遇到以下问题：

眼看成交在即，却半路杀出个程咬金，被闲逛顾客的一句话搞砸了场子，欲购买的顾客听后立刻走出了门店；

我们热情万分地招呼，顾客却始终保持沉默、一言不发；

门店装修很到位，也很漂亮，可就是没有顾客进门；

我们一步步引导顾客参与体验，对方却不感兴趣、无动于衷；

顾客明明表现得很喜欢我们的产品，却依然拼命讨价还价；

……

究竟怎样做顾客才会满意？怎样才能在门店销售过程中与顾客建立良好的关系？如何向顾客提供更多更好的服务……诸如此类问题也是大多数门店销售人员提升销售业绩的“拦路虎”。

为什么会这样？

这几年我在服务各大企业的过程中，经常到各地出差，对各个领域的门店进行考察和学习。我发现几乎大部分门店每天都在纠结这些问题：

大多数门店遇到的问题	
问题 1	门店外那么多行人，他们为什么不进来？
问题 2	为什么进来的顾客还没仔细看产品就走出去了？
问题 3	不知道顾客到来时应该说什么，总是把顾客说走了。
问题 4	不管用什么方式、说什么，顾客就是不想走进试衣间。
问题 5	好不容易让顾客进了试衣间，但最后为什么还是没有成交？
问题 6	门店的客单价为什么这么低？
问题 7	为什么老顾客少得可怜？
问题 8	到底门店怎么设立“VIP”才有效果呢？

以上种种问题若不能及时、全面、合理地解决，门店的销售业绩必定不会遂愿。

我曾服务过众多知名服装企业。在本书中，我也列举了大量与服装业相关的真实案例。

据我了解，服装行业的门槛不算高。近几年品牌如雨后春笋般日益增多。市场竞争愈加激烈、网络销售渠道泛滥。同时，实体门店团队不稳、业绩不佳……这些因素又决定了竞争只会越来越激烈。

可以说，坐在门店舒舒服服、数钱数到手抽筋的好日子已经一去不返了。

现今门店面临的尴尬现状是：

竞争惨烈、行业低迷、顾客挑剔、品牌骤增；

租金、库存、折扣、人工各项费用不断增加；

进店率低、客单价低、成交率低、回头率低……

既然危机已然来临，那么我们要怎么办呢？

从前两年开始，几乎在所有的培训课上，我都顶着压力，预测未来三至五年，门店经营者都比较痛苦。为此，在这个“危机四伏”的年头，我们必须好好规划。

危机面前，我们也无须太悲观。你前面有阴影是因为背后有阳光。

虽然各个行业都似乎离蓝海不远，也还未到像手机这一领域的红海阶段。但在这个“特殊时期”，作为一家想要长久生存下去的门店，选择一种适合自己的生存方式尤为重要。

有人说，危过后就是机。也有人说，有危机才有转机。还有人说，危机也意味着商机……

尽管这些观点听起来不无道理，但在我看来，所谓危机，其实是危险到来后，你先活下来才有新生的机会。

假如危机来了，转机还没到来，你就已经壮烈牺牲了，那后面的机会又从何谈起呢？

古话说：“留得青山在，不怕没柴烧。”活下去就是王道。活下来，才有继续发展的机会。

面对种种危机，许多挣扎其中的企业都在积极想办法应对——培训！

很多品牌都在行动，今天请导师讲讲什么是团队精神，明天请专家讲讲如何创新、怎样执行……

我发现一个有趣的现象，那就是几乎所有的培训课上，学员总是群情激昂，先把口号喊得振聋发聩，下课后便无精打采、死气沉沉。结果往往是培训费花了，却没有任何长进。而真正为门店终端提升业绩的作用更是微乎其微。

其实，门店连单成交系统远没有想象中可怕。根据门店现状，有目的、有针对性地制订合理的培训计划，将门店销售流程化、标准化，并坚持贯彻、高效执行。学会建立起良好的心态，掌握连单卖手的六大特质、成交思维、话术步骤和策略，了解门店连单四大系统，去主动把顾客迎进门，巧妙处理异议。这些才是提升门店销售业绩的关键！

如果我们能把上述这些琐碎的事情专业化、标准化、流程化、系统化，再辅以合理的奖惩制度，门店就有可能业绩倍增，然而市场中这样的实战宝典少之又少。

这也是我创作本书的初衷所在。

本书的所有参考方案紧贴门店第一线，帮助门店销售人员和相关从业者，通过理念、意识、技能、技巧的培养，达到自我提升，成为优秀门店销售人员的目标。本书解决了门店终端销售过程中，令销售人员困惑且几乎每天都会遇到的问题，是一部真正以解决问题、提升门店连单率为出发点，提升综合业绩的实战宝典。相信很多奋战在一线的门店销售人员阅读本书后，会树立科学的门店销售落地观，掌握更多销售技巧，轻松提升客单价、货单价，让门店连续赢利，让销售赢在起点……

另外，本书最后还总结了从顾客进店到离店的整个销售流程，指导门店销售人员抓住顾客心理、分析顾客需求、摸清顾客的问题，同时规范自身行为，建立与顾客的友好关系。书中一些实用的销售技巧、方法的总结，使本书更贴近实际、更加实用。

企业销售，赢终端者赢天下。希望本书能给一线门店销售人员带来与众不同的销售体验，也祝愿所有的门店从业者业绩更上一层楼，连单成交不是梦。

目录

第一章

微利时代，零售的春天何时到来

——微利时代下门店连单思维认知

【门店解码】中国门店连单率现状

扪心自问，你在听完一门课程后，是否能做到“每天 5 个连单、每星期 10 个连单、每月至少有一个 20 连单？”

什么是连单？比如，“一张小票销售三件原价或三件七折以上货品”。

相信真正做到且长期保持上述“战绩”的门店销售人员并不多。这也从侧面反映了我国令人担忧的门店连单率现状——

竞争惨烈、行业低迷、顾客挑剔、品牌骤增；

租金、库存、折扣、人工各项费用不断增加；

进店率低、客单价低、成交率低、回头率低……

很多学员问，做连单是否与城市、面积大小、路段有关？

——没有任何关系！只跟进店人数有关！跟业绩有关！

什么是连单销售

连单销售，从字面来理解至少包含两层含义：一是当顾客不一定购买时，尝试推荐其他产品，令顾客感兴趣，并留下良好的专业服务印象，从而产生顾客购买的可能；二是顾客完成购买后，尝试推荐相关的产品，引导顾客多消费。

连单销售不是完全无目的地推销某种产品，而是深度挖掘顾客的潜在需求后有目的性地推荐适合顾客的产品，这样的连单销售能够提升门店销售人员的综合素质及销售业绩，能为顾客进行更满意的搭配。

很多时候，我们都在为增加门店的销售额而绞尽脑汁，但收效甚微，最后我们自己都不知道该怎么办。

其实，在我们身边就有很多这样可以借鉴的例子。当您在肯德基点完可乐、汉堡之后，那个营业员一定会问“小姐，要不要试一下我们最新的苹果派呢”，或者说“小姐，多加 2 元钱，小杯可乐可以换大杯”。而您在麦当劳点完餐时，营业员一定不会忘记询问一句：“小姐，来份刚出炉的蛋挞，如何？”……

其实还有很多这样的例子，就是因为多问了这么一句话，10 个人当中，至少会有几个人接受，这样，销售额很轻松地就增加了。这也就是在销售中追加销售的问题。事情看得多了，分析一下，做好连单销售也有一定技巧。

虽然，作为一名门店销售人员，每次在做连单销售的时候，顾客都会不由自主地很容易接受销售，但是，如果在一开始就直接销售给对方的话，他一定会有所抗拒。要明白，当顾客在自主购买一些产品后，我们再做连单销售，顾客就会认为我们是在帮助他获得更完美的服务，而不是为了推销可有可无的产品。顾客会购买推荐的销售，也是对自己之前做出购买决定的一种认可。

从以上各种“花招”不难看出，促进顾客的消费，是唯一目的。也难怪，在商业竞争日益激烈的今天，各种零售业态，包括品牌厂家、终端商以及连锁系统，不论大小，都在挖空心思提高顾客消费额、提高销售率。没有客流的，先把顾客引进来，有客流了，还嫌不够，希望有更多的客流量、客单价和消费次数。如果客流足够了，大家就会比拼销售水平、比拼营业业绩了。在各种零售繁华、高雅的背后，都是实实在在但又看不见的“温柔陷阱”，温柔美丽之下，都是促进消费的绝招。

连单销售的本质是设计一个产品消费链，这些产品有时同属一系列，也可以不是，在消费者购买其中一款后，让消费者付出比单独购买另一款产品更低成本的价钱，且造成划算、实惠心理的一种门店销售技巧。连单销售表面看起来是一种促销优惠。

连单销售的附加产品基本上是新品、滞销品或库存过时产品，有些也是高质量产品，但是，此高质量产品附带销售时的价钱并不比实际零售价低。采用连单销售是门店零售时影响客单价和业绩的主要指标。

据不完全统计，门店业绩的30%以上来自连单销售。

况且，进行单品实际利润贡献计算时，连单销售单品的利润率可能要高过主推单品的利润。而来自消费者的购买心理调查统计显示，几乎80%的消费者，尤其是女性消费者，光顾带有或优惠或打折的门店的概率，要比那些没有进行优惠或连单销售政策的门店高出好几倍，因此，惯用连单销售，是零售门店的法宝。

第1节　微利时代，零售的寒冬还要持续多久

问题 1. 你近期的业绩完成了吗，有没有完成 50%？

问题 2. 你是否发现进店的顾客越来越少，你认为个人业绩好做还是不好做?

商业街越来越多，产品同质化严重，网络销售渠道日新月异……种种结果导致进店人数越来越少。有一个方法可以提高业绩——提高连单率。

在此之前，让我们先来感受一下，零售业的寒冬还将持续多久?

网络冲击：零售寒冬真的来了

全球管理咨询公司麦肯锡在 2015 年 2 月 6 日发布了最新的中国数字消费者调查报告，报告中指出了未来五大趋势。趋势之一是线下实体零售店转型为“展示厅”，事实上，现在的消费者通常都是看中某一商品，先去线下实体店进行比较，而最终选择在线上购买。

麦肯锡公司这份调查报告覆盖了农村地区，报告中调查显示，尽管目前互联网在国内三、四线城市和农村普及率相对较低，但与一、二线城市相同的是，这些地区的大部分消费者都是活跃的网购用户，甚至这些消费者更享受网购。

麦肯锡公司在本次的调查报告中，调研访谈了超过 6000 名中国互联网用户，

覆盖程度达到了从中国一线至四线城市以及广大农村地区约 6.3 亿的用户，报告对中国消费者的数字和意愿进行了深入的调查和挖掘。

本次报告中的调研主要以 6 种数字行为进行分析：

1. 通信和移动；

2. 社交网络，比如微信、新浪微博都有覆盖；

3. 游戏；

4. 在线视频；

5. 电子商务；

6.O2O。

在麦肯锡公司发布的这份名为《中国数字消费者调查报告：对选择和变化日益强烈的渴望》的报告中刻意强调了以下未来的五个趋势：

第一，社交商务将呈现强劲增长趋势。

全球最热爱社交的国家之一便是中国。中国互联网用户平均每天花在社交媒体上的时间是 78 分钟，而美国互联网用户平均是 67 分钟。在中国，互联网用户依赖亲友推荐的人数占比将近 50%，在美国只占差不多 40%，就这两方面的发展来看，中国的趋势更为迅猛。或许 2016 年中国将成为全球最热爱社交的国家。

根据麦肯锡公司发布的“中国消费者在不同活动上使用社交网络所花的时间变化调查”。

过去的 2014 年，中国已经有数千商户将时下流行的直销模式移植到网络平台上，通过组建半私密的人数为 50 ~ 100 的微信群，向亲友以及亲友的亲友销售各类商品。而 2015 年，这一形式仍将继续，中国庞大的社交用户群体为更多商家打造数码版的直销网络创造了最佳的平台，商家可以在这个平台上依赖口碑和推荐销售更多的商品。

第二，线下实体零售店转型为“展示厅”。

麦肯锡公司的调查报告显示，在中国5年前通过线上售出的电子产品比例是1%，而目前有16%的电子产品消费是通过线上售出的。现在中国30%的消费者会在实体店内浏览的同时利用移动网络对商品进行对比参考，而最终只有16%的消费者会选择在实体店购买商品。如此，实体店的展示效应尤为明显。

下图为麦肯锡公司发布的“中国消费者购物渠道调查”。

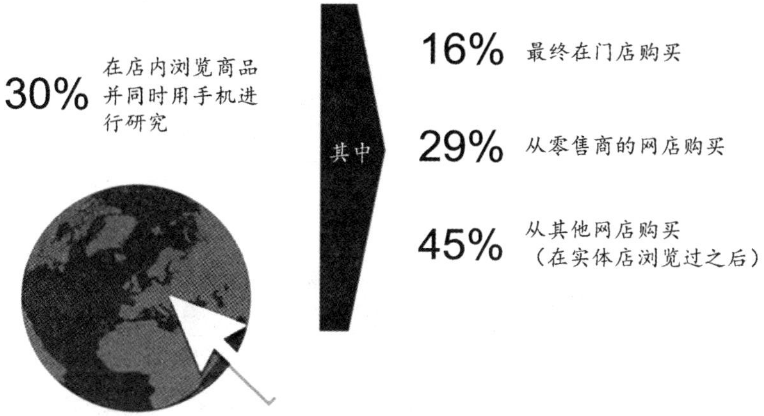

第三，消费者对线上线下融合（O2O）的了解和使用已经非常普及并将持续发展。

中国数字消费者中已经有71%的消费者在使用O2O服务，这些消费者中97%的人表示他们未来会继续享受O2O服务或者增加适应频率。而没有体验和使用过O2O服务的消费者中也有30%左右表示愿意近期进行尝试。

根据为麦肯锡公司发布的“中国消费者2014年对O2O的预期调查”。

针对商品和服务，中国消费者对O2O的预期也变得更清晰。72%的消费者希望提供网购商品线下退货，56%的消费者希望可以线上下单、线下取货。

第四，电子商务的普及。

在中国互联网普及率较低的三、四线城市和农村地区的大部分消费者，都在使用电子商务，网上购物的比例分别达到了68%和60%。一些农村地区的消费者的网购比例甚至超出二线城市的25%，这些地区的消费者渴望第一个尝试新的产品和服务。

下图为麦肯锡公司发布的“中国农村消费者网购情况调查”。

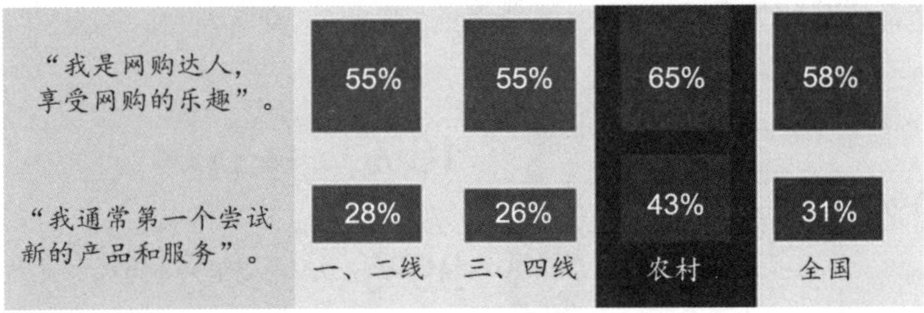

下图为麦肯锡公司发布的“中国互联网普及率和网购人群分布情况”。

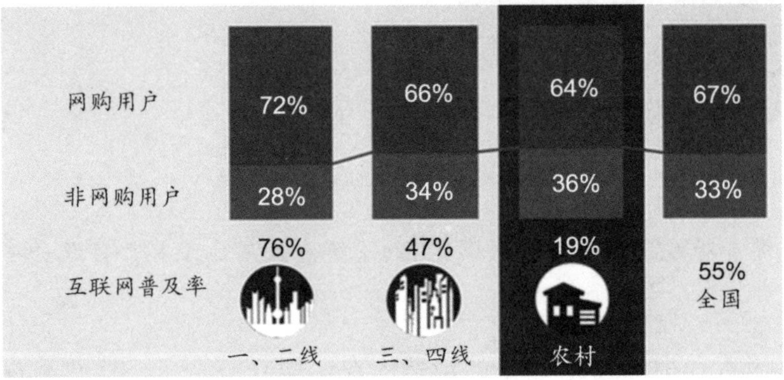

中国互联网的普及率方面，一、二线城市的互联网普及率达到76%，三、四线城市是47%，农村地区只有19%，但在这19%的农村地区，互联网用户中却有64%的消费者使用过网络购物。

麦肯锡公司全球董事季翔说：“很有意思的是，虽然农村互联网覆盖率仅为19%，但是在电子商务的使用上，农村居民跟城市居民一样活跃。我们看到，中国一些领先的零售商已开始迅速行动，建立县级运营中心。这些举措不仅方便了商品的下乡，也加快了农产品向城区的输送。”

报告中明确地向广大商家指出，完全可以借助这个网络消费群体占领物流分销体系尚不发达的中国农村地区市场。

第五，网购中，食品的需求大幅增加。

尽管在中国有 66% 的消费者在过去 3 个月内购买过服饰类商品，但是这群消费者购买最频繁的却是食品类商品（常温、生鲜类）。服饰类商品购买的频次是 22 次 / 年，而食品类商品是 34 次 / 年。

下图为麦肯锡公司发布的“中国消费者喜欢网购的品类调查”。

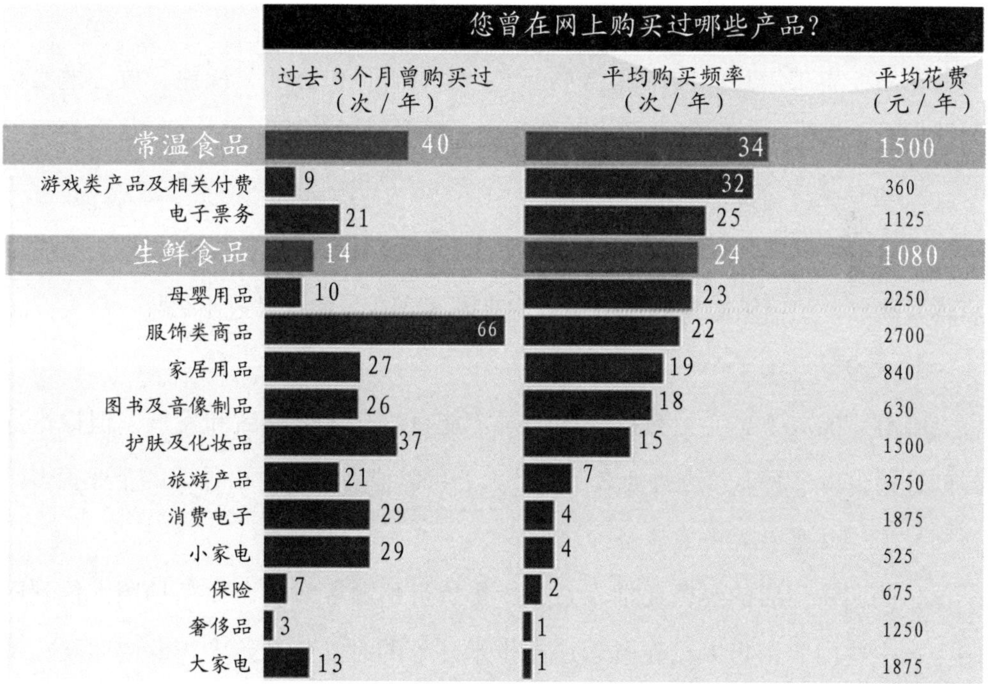

麦肯锡公司全球董事龚方指出，中国消费者网购食品时最大的担忧就是食品安全问题。调查显示，在中国有 65% 的消费者担忧食品安全问题，同时因为

大家对食品安全问题的担忧，导致一些生鲜食品卖家开始涌现。

2015 年，中国“零售业”的“抉择年”，门店何去何从

中国零售业在 2015 年这个“抉择年”注定要面临整个行业多方面多角度的重新思考，创新变革。综合商业模式、情感连接、价格、定位、团队融合、电商崛起、供应链、服务力、企划驱动等因素的思考和改革，企业更要有所作为。

1. 没有爱的企业正在死去

消费者“人傻钱多速来”时代早已过去，金卡、银卡、VIP 卡的区分越来越模糊，没有意识的改变，顾客都懒得理你。爱是一种能力，它才是吸引顾客的法宝，而爱就是指对顾客的重视，饱满的服务热忱，以及维护顾客利益的责任心。

2. 消费者的利益才是第一要素

在当今琳琅满目的网络购物平台上，消费者可以方便、快捷、放心地购买到他们想要的任何东西，这是一个消费者宣誓主权的时代。

3. 有诚意才会重视价格

低价促销无可厚非，但一些华而不实、变换名目的低价促销却只会让实体店越发羸弱，归根结底是诚意不足，为难顾客实在是和自己过不去。

4. 充分认识自己

唯有“能放下、忘记自己”的公司才能百变，才能存活和发展，但恰恰这样的公司很少，而不知道要什么、有什么、可以或者愿意付出什么的企业很多。

5. 门店运营就是要靠服务力决胜

一些实体门店的经营还活在过去：售货员怕顾客对店内商品拍照上传到网络上；一些门店销售人员在顾客还在十米开外的时候就开始大声吆喝叫卖；销售的产品千篇一律，一起扎堆。

商场的立足基础在于商品和服务，营管和售货员是与顾客建立信任关系的纽带、刺激顾客感受最重要的一环。

而门店销售人员的专业程度和提供的服务，都会影响顾客购买与否的决断。所以说卖商品也是在卖服务，进而做到卖关系。在未来，建立全方位、多渠道的服务是与顾客接触，这是门店销售的关键。

第 2 节　提升门店业绩的 3 个路径

问题 1. 你是否每天统计门店的进店人数?

问题 2. 从宏观上来说，提升门店业绩的路径是什么?

<table>
<tr><th colspan="2">提升门店业绩的路径设计</th></tr>
<tr><td colspan="2">问题 1：你是否统计每天进店人数？假设进店人数为 30 人，想提升门店 20% 的业绩，应该怎么做？</td></tr>
<tr><td>方法 1</td><td>进店人数增加到 36 人。</td></tr>
<tr><td>方法 2</td><td>平均每个顾客多买 300 元 / 让 3 个顾客多买 1 件。</td></tr>
<tr><td colspan="2">问题 2：如果离月底只剩 5 天了，我们还能做到吗？能！
只要其中 1 个方法增加 20%，3 个方法总共可以增加多少？</td></tr>
<tr><td>分析 1</td><td>1.2 × 1.2 × 1.2=172.8%。</td></tr>
<tr><td colspan="2">问题 3：让 6 个顾客多买 300 元，让老顾客每月多回来 1 次，难度大吗？</td></tr>
<tr><td>分析 1</td><td>增加客单价自然会带动成交率。</td></tr>
<tr><td>分析 2</td><td>假设每个因素提升 1 倍，原来 30 人进店，现在 60 人进店；原来每个顾客买 300 元的产品，现在每人买 600 元的产品，所有的老顾客 1 个月回来 1 次，那么连单率就可以获得提升！</td></tr>
<tr><td colspan="2">备注：接下来，我们会集中诠释第 2 个方法，有人会问为什么不 3 个都讲解一下。所谓触类旁通，其实，第 2 个方法可以带动其他两个方法。</td></tr>
</table>

第3节　3个名词读懂连单销售思维

问题1. 与提升连单有关的3个关键词是什么?

问题2. 怎样利用这3个关键词读懂连单销售思维?

提升连单的3个关键词	
关键词1：连单率	平均每一单的件数。
关键词2：客单价	平均每单的金额。
关键词3：物单价	卖出去的每件产品的金额（反映的是卖贵产品的销售能力）。

物单价与客单价的关系（举例说明）	
卖文胸做连单，推的是什么?	推的是内裤。但要看准推的时机。
什么时候推?	结款时推。
如何推?	一个文胸搭两条内裤，两个文胸300元，加两条内裤70元，最终连单销售额为370元。

第 4 节　容易产生连单的 3 个黄金时段

问题 1. 在哪些时间段最容易产生“连单”？

问题 2. 如何把握住黄金时段做好连单？

容易产生连单的 3 个黄金时段	
周一至周五	周一到周五，来逛街的有 3 种人： （1）还没找到工作的人； （2）休息时间不规律的人； （3）其中 80% 为既有钱又有时间的人。 反思：此时你在拖地，态度很不好，边拖地边打招呼——刚拖完，你又把我地搞脏了…… 买连单的人 80% 是没有想过要买连单的。如果 80% 的店铺服务态度都不好，而你的态度却很好，那么恭喜你，顾客很可能选择在你这儿成交了。
下雨天	下雨天是老天爷在帮助我们选顾客。然而，在下雨天，你在做什么？ 调陈列？试穿？聊天？玩手机？ 聊天聊什么？没顾客？还不开单？ 越没人时，门店销售人员表情越不好，对待顾客的态度越不好。 同理，当所有门店的销售人员态度都不好时，你的态度好，那你一定会做成连单！
下班前	想一想，每天下班前，你在做什么？ 编辑短信？ 21:20 再进来顾客，就要想办法把他弄出去？ 其实，下班后的一单有可能抵你一天的业绩。毕竟，所有的店铺灯全关了，你的店铺是最亮的，21:20 后，顾客很可能不是来逛街的，而是被吸引来的。

以上 3 个时间段有个共同的特点——人少。

人少的好处是，顾客在购物时有足够的安全感。

试想，当只有 1 个顾客在店铺试衣服时，他会感到很平静、很安全。而在人多烦乱的节假日，往往连试衣服的心情都没有了。

根据上述 3 个黄金时段，要想做成连单，就要有这样的理念：

——闲时做连单（可以让顾客试两个小时），忙时做快单（加快成交速度），这是我们做连单时的认知和理念。

第二章

想征服顾客的钱包，先征服自己的心

——门店连单销售的八大心态建立

【门店解码】门店销售人员心态剖析

每个人都有梦想。当梦想变得可执行，那就不再是一厢情愿的幻想。

例如，有个销售人员的梦想是买一辆奔驰轿车，在他看来这似乎就是成功的标志，为了激励自己奋发图强，他在客厅的柜子上、洗手间的镜子上、办公桌上、钱包里都放了一张奔驰轿车的图片，每当抬头的时候，他就能看到自己的梦想，这就是他努力工作的动力。为了尽快达成目标，他制订了详细的工作计划；为了更好地完成目标，他将计划细化到了每一周的工作目标。很快，五年的时间过去了，这个销售人员虽然并没有买奔驰轿车，却拥有了属于自己的一线城市的房子。

这说明，人们的心态是随着时间的流逝和个人的成长在发生改变的。

可以肯定的是，即便你有能力，但是没有积极的心态，也不可能成功。一个消极的人很难取得成就，因为连他自己都不相信自己。积极的心态促使我们乐观地面对生活，有理想，并且能够为了这个理想不懈努力。

门店销售作为一项服务性工作，门店服务人员首先要具备积极的心态。也许你在销售中遇到了很多困难，可是我们应该看到克服这些困难后的一片蓝天。对正确的、好的事情，要以第一时间去投入，唯有第一时间去投入才会唤起你的激情，唯有第一时间去投入才会使困难在你面前变得渺小、好的地方在你眼前光大。积极的人像太阳，走到哪里哪里亮；消极的人像月亮，初一十五不一样。某种阴暗的现象、某种困难出现在你面前时，如果你去关注这种阴暗、这种困难，你就会因此而消沉，但如果你更加关注这种阴暗的改变、这种困难的排除，你会感到自己的心中充满阳光、充满力量。积极的心态不但使自己充满奋斗的阳光，也会给你身边的人带来阳光。门店销售人员在门店服务过程中，做任何事都要有一个积极的心态，只有这样才能成功。例如，一个优秀的门店销售人员应该有这样的积极心态，如下表所示：

门店销售人员该有的心态	
心态	描述
成交	门店销售人员总是假定每一个来到店里的顾客都会购买产品。因此，他们往往形成一种职业习惯，认真对待进店的每一位顾客，并积极地进行销售，从而提高交易的成功率。
主动	主动了解：门店销售人员会主动了解顾客来到门店的目的，同时明确自己的销售目的。他们总是“主动出击”，积极地服务每一位顾客，而不是“守株待兔”，等着顾客来找自己。 主动出击：当顾客进店后，我们应在第一时间迎上去，让顾客停留下来，避免因为“空场”而使顾客产生“看一看就走”的想法。 与顾客交谈时，我们应主动了解顾客的需求、观点及倾向性，为进一步沟通创造条件。给顾客提建议时，应对症下药，主动契合顾客的思路，推介适合的产品，迎合顾客的心理。
付出	“拖延症”是现在流行的心理疾病，似乎每个人都有点，越是压力大，越是难以改正自己拖拖拉拉的毛病，久而久之，多做额外的一点点工作都不愿意付出。 好像是我们的身体在阻止我们一样，“明天再说吧”“今天很累，算了吧”“实在不想动”……明日复明日，明日何其多。我心待明日，万事成蹉跎。一直到你的事情越堆越高、越积压越多，有一天，你终于发现它们已经积累到了可怕的程度，成为你新的压力和不可轻松完成的任务，从此彻底放弃。然而，这就是失败的开始。
海纳百川	门店服务人员对待门店的顾客，不能争论，顾客是上帝。从生意上讲，门店服务人员与顾客争论是最大的失败，因为顾客可以不与门店销售人员争论，他可以选择不光顾门店，不购买门店的商品，这样损失的还是门店。 作为门店销售人员，你会接触到各种各样的经销商，也会接触到各种各样的消费者。这个经销商有这样的爱好，那个消费者有那样的需求。我们是为顾客提供服务的，是满足顾客需求的，这就要求我们学会包容，包容他人的不同喜好，包容别人的挑剔。你的同事也许与你有不同的喜好，有不同的做事风格，你也应该去包容。海纳百川，有容乃大。我们需要去接纳差异，我们需要包容差异。

（续表）

门店销售人员该有的心态	
心态	描述
学习	人无完人。任何人都有自己的缺陷，有自己相对较弱的地方。也许你在某个行业已经是把好手，也许你已经具备了丰富的技能，但是对于新的门店、对于新的顾客，你需要用学习的心态重新去整理自己的智慧，去吸收现在的、别人正确的、优秀的东西。企业有企业的文化，有企业发展的思路，每个门店都有自己的文化和经营战略，都有自身管理的方法，只要是正确的、合理的，我们就必须去领悟、去感受。把自己融入企业之中、融入团队之中，否则，你永远是企业的局外人。 现在是知识爆炸年代，若能长期保持学习的心态与行动，就不容易被大环境淘汰，不论何时何地，一定要有时间学习！三人行，必有我师，21 世纪的门店将是学习型的组织。 我们的门店要求每一位员工必须肯于学习，善于学习，努力进取。如果每位员工每天进步 1%，每天检讨当天的行为，每天改善一点点，那么门店的进步将是巨大和迅猛的。
双赢	门店经营“双赢”理念渐趋成熟，已经涵盖了“门店与顾客双赢”“门店与员工双赢”“门店与社会双赢”“门店与合作伙伴双赢”“门店与竞争对手双赢”五个层面。门店服务人员必须站在双赢的心态上去处理与顾客、与门店之间的关系。 1. 门店与顾客双赢 门店要为顾客提供优质的产品和服务。只有真诚地为顾客考虑，才能真正地赢得顾客。只有达到了顾客的“赢”，才能最终实现门店的“赢”，否则双方的合作不会长久。失去了顾客的信任，门店的“赢”只能是无源之水、无本之木。正是基于这种认识，门店在为达到与顾客双赢方面需要做大量的工作。门店以市场为导向，不断推出适应市场需要的、受顾客欢迎的产品，门店的售后服务也要细致周到，让顾客真正买得放心、用得安心。只有在“一切为顾客着想”的理念下，门店才会不断走向成熟，拥有广阔的市场。 2. 门店与员工双赢 门店服务人员不能为了自身的利益去损坏门店的利益。没有大家哪有小家？门店首先是一个利润中心，门店没有了利益，门店销售人员也肯定没有利益。同样，门店要赢得人才，关键问题就是要“以人为本”，尊重并帮助员工实现对正当利益和自我价值的追求。因此，要重视人的利益，用好英才。公司除制定适合企业特点的合理薪资和福利制度外，还应通过员工在职培训提高员工知识、技能水平，全面提高员工的职业化素质，提高员工和门店的综合竞争力。门店销售人员在得到了广阔的发展空间时，也要努力为门店创造利润。

（续表）

门店销售人员该有的心态	
心态	描述
奉献	门店服务人员要想杰出一定得先付出。没有点奉献精神，就不可能成为优秀者。要先用行动让别人知道，你有超过所得的价值。你的付出一定会有收获，一定会得到相应的回报。奉献是一种精神，是付出的另一种表现形式，她会为你赢得最长久的回馈。门店需要员工付出和奉献在先，不要斤斤计较眼前的利益与得失。要索取，首先要学会给予。没有给予，你就不可能索取。我们要给予我们的同事关怀；我们要给予我们的经销商服务；我们要给予消费者满足需求的产品。给予，给予，还是给予。唯有给予是永恒的，因为给予不会受到别人的拒绝，反而会得到别人的感激。
合作与创新	合作和创新是推动门店发展的两大车轮。当今的市场竞争更讲究企业团队的整体作战能力，致力于达到员工个人与企业双赢的结局。个人渺小并不可怕，与团队伙伴精诚合作，与团队伙伴能力互补，你就能共享资源。创新是企业的生命力所在，怀旧与故步自封都将被市场淘汰。我们也应提倡在门店内加强团队合作精神。我们应本着海纳百川的胸怀、“革命不分先后”的气度，相互包容，取长补短。既要善待自己，更要善待同事。全体员工要共同营造一种团结、协作、进取、拼搏的企业精神。
敬业	凡做一份职业，便忠于这份职业，将全部精力集中到这份职业上，便是“敬业”。只要每个门店服务人员对他所从事的工作充满热情与浓厚兴趣，就有可能创造出较高的价值，就有可能克服各种困难，逐步实现人生的奋斗目标。
感恩	感恩是一种胸怀，是一种美德。学会感恩，善于感恩，既可以帮助门店营造一种互相赏识的团队氛围，又能打造门店与员工无限的“情商”及融洽的人际关系。感谢父母、朋友给予的亲情与友谊；感谢上司、老板给予的发展空间和机会；感谢同事和顾客给予的认可与丰厚回馈；感谢……没有他们，我们的生活将失去光彩和快乐。

除了上表中列举的门店销售人员普遍应具备的十个心态，本章还将着重阐释门店销售人员在连单销售前应建立的八大心态。

而在心态建立的过程中，我们亦必须转变观念，把门店销售的工作看成是自己的工作，自动自发地去完成。换个角度想一想，职责内的工作无论如何你是一定要完成的，如果被动地完成，不仅自己感觉压抑，老板也会不满意，为何不换个心态主动去完成呢？同样一份工作，当我们主动工作的时候，会有截然不同的效果，我们会变得充满激情、思维活跃，创意也会因此而不断涌现，自然也就能够出色地完成工作。把工作做好了，自己能够获得成就感，公司也满意，可以获得双赢的结果。

不要觉得主动会吃亏。主动的人会不断地提高自己各方面的能力，学习各方面的知识，以便日后能承担更加艰巨的任务。平时先做好储备，当机会来临的时候，你就能轻而易举地抓住它。如果你的能力总是局限于自己的本职工作的话，那么你将很难实现职位的升迁。在职场里生存，就像是逆水行舟，不进则退，你不仅面临着内部同事之间的竞争，还面临着外部求职者的威胁。如果总是停留在一个水平的话，那你很快就会被内部或外部的竞争者替换掉。

除了完成自己的本职工作之外，我们不妨再主动多做一点职责范围之外的事情，争取机会提高自己。总之，不要吝啬那一点点时间和精力，平时的点点滴滴会在不久的将来给你带来巨大的回报！

第1节 强烈的自信心和良好的自我形象

问题1. 如何培养自信心与良好的自我形象?

问题2. 为什么说礼仪是门店销售人员的“第二张脸”?

世界上最伟大的推销员乔·吉拉德在演讲时不断地强调：“我卖的永远是我——乔·吉拉德，顾客买的也首先是我——乔·吉拉德。”他希望听众能明白，顾客首先是认可了你，然后才会和你做生意。

销售产品之前首先销售自己，这是销售行业的至理名言。

销售自己什么——强烈的自信心和良好的自我形象

销售自己绝不是门店销售人员见人就递张名片、做自我介绍那么简单，更深层的含义是：在顾客面前展示自己的形象，用自信给顾客留下良好的第一印象，使自己的专业素质被顾客认同和接纳。自信的第一印象是成功的关键，但许多门店销售人员认为：“我是卖产品的，不是卖自己的！”当一位顾客对你的第一印象不佳，感觉你不是一名专业的销售员时，也就意味着你销售自己失败，你的销售对象自然会拒绝你的推销。

作为一名门店销售人员，一定要通过你的自信、热情、贴心的服务以及对产品的专业解说让顾客感觉到你就是他要找的人。顾客如果相信你、欣赏你、敬重你，他就会信任你推介的产品、思路和方案。

1. 强烈的自信心

培养自信，首先要分析自己缺乏自信的原因。不想出错出丑，这是门店销售人员缺乏自信的主要原因。新销售人员必然会存在实际销售经验不足，对门店产品知识了解不全面的情况，所以在销售过程中往往害怕出错、担心出丑，认为少说话更稳妥，这使得客人无法了解到足够的信息，难以做出选择。在与新顾客的交流中也容易出现这样缺乏信心的情况。缺乏自信还有另两类情况：是由于先天原因——性格内向，或是环境因素。

想要培养自信心，门店销售人员首先要训练自己在语言、心理等方面获得自信，请针对自身的不足开展一系列研究和训练。

培养自信心的训练	
克服“怕羞”的心理	心理能够直接影响到行为表现，卡耐基曾说过：“你要假设听众都欠你的钱，正要求你多宽限几天。你是神气的债主，根本不用害怕他们。” 我们可以通过自我调整，排解自己紧张的情绪，让自己获得自信。当你开口说话时，你要相信顾客是相信你的能力的，当然我们的表述还要做到真实。
说好普通话	在市场经济的影响下，流动人口越来越多，普通话成了现代社会交流的最便捷的桥梁，所以在工作之余可以通过增加阅读量，并以朗读的方式提升自己“读”和“说”的能力。一口流利的普通话可以让你的顾客清楚地了解到你的意思，并及时做出回应，让整个沟通的过程变得更加轻松愉快，我们更不会因为说话口齿不清而变得紧张。
提升专业知识	专业知识是推销员职业素养的重要构成，直接关系到客人对自己和门店的印象。在洽谈的过程中，销售员必须通过介绍门店产品、合理的建议来赢取客人的认同。所谓“话不投机半句多”，了解社会热点、积累一定的谈资可以令销售过程变得更加愉快。一个关注社会的人，必然会以一个热爱生活、有责任感的形象展示在世人面前，这也为进一步达成销售起到积极的作用。

（续表）

培养自信心的训练	
良好的身体素质	身体很奇妙，在我们身体不适的情况下，都感受过因为精神紧张而引起的语言能力下降的情况，所以一个良好的体魄是我们大胆开口说话、达成销售的基础之一。在工作之余，勤加锻炼，用良好的身体素质来服务于沟通，保持良好的心态，让整个销售过程更加轻松。在沟通之中，我们会不可避免地遇到一些紧张的情况，通过深呼吸的方式能够减轻肌肉紧张感，通过手部动作能够来缓解紧张的精神，在清楚表达自我的同时，更能捕捉到顾客的意图，达成销售。
营造融洽氛围	在与顾客交流的过程中，如果能够巧妙地选择一个顾客感兴趣的话题，则能够很快获得认同，引起共鸣，无形中减轻自己在表达过程中的紧张感。“到什么山，砍什么柴”，在洽谈之前要尽量掌握顾客信息，了解个人的兴趣爱好以及行业动态等。作为一个销售人员，在与顾客交流的过程中对门店信息和产品的解读是必不可少的。主动营造融洽的说话氛围，让顾客感受到了解门店信息也是一次学习和享受的过程，可以展现我们的专业与风采。

2. 良好的自我形象

顾客对门店销售人员的第一印象，往往是从看到的第一面、听到的第一句话开始的。能否给顾客留下专业的印象，决定着你能否受到顾客的欢迎。

塑造良好形象的训练	
穿着	服装是第一印象的决定因素之一，包括上衣、裤子、领带、鞋袜、皮带、配饰等。作为一名专业的销售员，整洁得体的职业装、恰到好处的修饰，都会给顾客专业、值得信赖的感觉。
仪容	仪容主要包括头发、胡须、牙齿、气味、表情等因素。修饰自然、清新淡雅的仪容，总会使人倍感亲切、倍加喜爱。 门店销售人员每天要接待众多顾客，门店销售人员的仪表则是给顾客留下的第一印象。当顾客走进店内时，他们不仅被琳琅满目的产品所吸引，同时，那些容貌端庄、着装高雅、彬彬有礼的门店销售人员也会增加顾客的好感。 端庄、整洁、大方是门店销售人员维护个人职业形象的第一要旨。标新立异、时尚前卫均与门店销售人员的职业仪表不符。

（续表）

塑造良好形象的训练	
发型	门店销售人员力求发型整洁、自然，不留怪异发型。 男门店销售人员要经常剃须、理发，头发保持清洁，一般不要留长发和胡须。头发长度以前不覆额、侧不掩耳、后不过领为原则。不要将头发染成奇怪的颜色。 在工作场合，女门店销售人员的发型要显示出自然、端庄之美，一般以短发和束发为宜。 短发适合任何工作性质的职业女性。留短发的规则一般是不过肩膀。 束发一般有三种：扎成马尾，马尾应略高，过低则显拖沓；将长发盘成发髻，用漂亮的发卡装饰；从耳朵边开始捋起上半部分头发，用发夹束起，既稳重又不失年轻活泼的气质。
化妆	化妆的第一原则是洁净、自然。女门店销售人员应化淡妆，不涂指甲油（自然色除外），不留长指甲。最佳上妆效果是：充满朝气、亲切。这样既能增加自信心，同时也给顾客一种赏心悦目的感觉。对于男门店销售人员而言，保持面部清洁、不留胡须、指甲不要过长且修剪整齐即可。
服装	门店营业时，门店销售人员必须穿统一的制服，不能强调“个性化”，更不能出现上身是制服、下身是便服的现象。门店销售人员服装的选择标准是：整洁、得体和便于工作。 制服 单排双扣式的西服套装是商务场合最常见的款式，可谓制服的基本类型。西装的扣法要格外注意：单排一粒扣制服，扣与不扣均可；单排双纽扣的制服，不能把两颗扣子都扣上，通常只扣上面一粒扣子；单排活扣的制服，则应扣中间的一粒扣子，唯有坐下时方可解开；如果穿三件套制服，则应扣好马甲上所有的扣子，外套的扣子不扣。此外，制服的兜盖要平整。经常有促销员将制服兜盖很随意地塞在衣兜里，这会给顾客留下糟糕的印象。 衬衫 衬衫和制服之间并无特定的搭配方式，但应注意一些搭配要领：衬衫袖口的长度以露出上衣袖子 1~1.5 厘米为宜；保持领口与袖口干净；保持衬衫熨烫平整；衬衫下摆要放进裤腰里，系好领扣和袖扣；系领带时穿的衬衫要贴身，不系领带时穿的衬衫可宽松一点。

3. 礼仪是门店销售人员的“第二张脸”

除了要有强烈的自信心和良好的自我形象。礼仪也是门店销售人员需要格外注意的。毕竟，门店是讲究商业礼仪的重要场合。礼仪上的细节会给人留下深刻的印象。比如，接听电话时向顾客说“对不起，我接一下电话”，交换名片时要双手递出等。

美国的通用汽车公司曾在全球范围内做过一个关于汽车销售业绩最好的人具有哪些特征的调查。调查结果发现：男性，30~40岁，戴眼镜，面相忠厚，是他们最大的特点。这也正是工程师的典型特征。因为工程师通常是专业人士，所以总能够赢得大部分顾客的信任。

总之，第一印象很重要，它会在较短时间内留给顾客最直观、最明确的信息。要想成为一名门店销售人员，一定要从穿着、仪容、礼仪等细节入手，让自己首先看起来很专业，这样才更容易获得顾客的欣赏和信任。

门店销售人员需要注意的礼仪汇总	
递出名片时	现代商务交往中，人们在初次见面时，都有递名片的习惯。许多门店的销售人员会说：我就是个普通销售，又不是大顾客经理，哪有什么名片？ 其实在刚与顾客见面时，你就已经递出了自己的一张“名片”，这张“名片”就是你自己的服务形象。顾客接受了你，才能接受你销售的产品。 如果这是一张热情、真诚、耐心、细致、专业、认真的“名片”，顾客就会接过“名片”，来到你的身边，与你亲切交流；如果这张“名片”上显示的是冷漠、懒散与烦躁，顾客就会离你而去，或者绕开你去寻找那些递出他们喜欢的“名片”的门店销售人员。 事实上，你递出自己第一张“名片”的时间，只有4秒钟。
交换名片时	在社交场合，名片是自我介绍的简便方式。门店销售人员与顾客交换名片时，需要注意： 递送名片时应用双手拇指和食指执名片两角，让文字正面朝向对方，双手奉上。眼睛应注视对方，面带微笑，并大方地说：“这是我的名片，请多多关照。” 接受名片时应起身，面带微笑注视对方。要用双手接过名片，同时应说“谢谢”，并微笑阅读。 阅读时可将对方的姓名、职位念出声来，并抬头看看对方的脸，使对方产生一种受重视的满足感。接过别人的名片后切不可随意摆弄或扔在桌子上，也不要随便地塞在口袋里或丢在包里。应放在西服左胸的内袋或名片夹里，以示尊重。

（续表）

门店销售人员需要注意的礼仪汇总	
握手时	与顾客握手时，需要掌握握手的原则与正确的握手动作。 握手的原则： 有力、大方。女门店销售人员尤其要注意正确、自然地握手。 正确的握手动作： 先自我介绍，再伸出手；虎口交叉之后全握，同时做到用力握紧，但力度要适中；握手时，要与顾客目光接触，面带笑容，既显示出你对顾客的重视和兴趣，同时还可以观察对方的表情：握手时间约为五秒，时间太短则会显得仓促，太长会显得过于热情。若是男士握着女士的手，要注意不要握得太久，否则容易引起对方的防范之心。此外，手心容易出汗的人需要准备手帕，在握手前悄悄把汗擦干。 错误的握手方式： 许多女性在与男士握手时，常常会出现这样的动作： 仅仅握住对方的手指尖，或者只让男士轻轻握自己的手指部位，不全握，好像在显示自己的优雅高贵。实际上这种握手姿势往往会给对方很糟糕的印象，让对方认为作为女性，不愿与其接触，有意保持距离。更严重的是，对方会以为你嫌他手脏、怕他占便宜，从而影响了正常的社交活动。正确的做法是要握住对方的整个手掌。即使对异性，也要这么做。

第2节　对产品信心十足

问题1. 怎样重新认识产品，保持对产品的信心？

问题2. 产品核心价值的三个层面是什么？

对产品的信心是门店销售人员工作热情的源泉，也是赢得顾客认同与信赖的最大力量。

在许多门店中，尤其是那些品牌知名度不高的产品专柜前，经常能看到一些无精打采的门店销售人员。当说到自己的销售业绩不佳时，他们总喜欢找客观原因：自己的产品品牌知名度低、价格高、款式旧、质量差……甚至还会自嘲地说："这样的产品能卖出去才怪，卖这种产品，我真是倒霉！"

这些门店销售人员缺乏工作热情，对产品没有信心。其根源在于对自己销售的产品缺乏专业知识的了解与深入挖掘。

门店销售人员的工作热情来自于自身的职业素养，更来自于对产品的信心

市场竞争就在于发挥优势、扬长避短。要了解产品的专业知识，从而找到对其有所需求的顾客。作为一名门店销售人员，如果对自己销售的产品了如指掌，对产品优点和特性如数家珍，你就会对产品充满骄傲与自信，语言自然充满激情，从而通过这种情绪感染每一位顾客。

重新认识你的产品

一般来说，门店销售人员应该掌握的产品知识包括三个层面：产品基本知识、公司资料以及行业常用术语。

重新认识你的产品	
产品基本知识	产品名称、种类、价格、特征、产地、品牌、制作流程、材质、颜色、规格、型号、性能、流行性、使用方法、保养知识、维修方法等基础知识，门店销售人员应牢记在心。
公司资料	充分了解所在公司的历史、现状以及产品与质量管理、售后服务承诺等内容。了解这些知识，既能增加门店销售人员对公司的归属感，更可以增加对销售服务的自信心。
行业常用术语	门店销售人员的专业素养，还包括对行业常用术语的掌握，尤其是目前的服装、床上用品、家电、电子产品等，这些行业技术进步较快，产品日新月异，因此对门店销售人员专业要求就更高。

某品牌床上用品门店里，门店销售小姐向一位女顾客介绍：

“我们的产品全是竹纤维做的，不仅柔软、滑爽、不扎身，还不会滋生细菌，防虫抗菌性特别好。”

女顾客反问说：“那你的意思是说它受潮后也不会发霉了？”

门店销售小姐哑口无言。

其实，由于竹纤维横截面布满了大大小小的椭圆形孔隙，可以在瞬间吸收并蒸发大量的水分，其吸湿性、放湿性、透气性居各大纺织纤维之首。在同样的条件下，棉、木等其他纤维制品中的细菌能生存繁衍，而竹纤维制品中的细菌则不容易长时间存活。门店销售人员不专业的术语运用，往往会被一些懂行的顾客识破。

上述情景中，门店销售人员的解释不符合科学性，错误的术语暴露出她的不专业，从而影响了顾客对她的信任。

找出产品价值

顾客在听产品介绍时，最关心的问题是产品的价值，而不仅仅是价格。因此，门店销售人员了解与掌握产品知识的关键是抓住所销售产品的核心价值。

产品核心价值的三个层面：功能性价值、情感性价值和象征性价值。

产品核心价值的三个层面	
功能性价值	功能性价值是品牌立足的基石，它主要体现在产品的功能性利益或物理属性上，如手表的计时准确、钢笔的书写流畅、洗衣粉的去污强效、香皂的除菌效果等。功能性价值是绝大多数品牌在发展初期的立身之本，如海飞丝洗发水的去屑、潘婷洗发水的亮泽、宝马汽车的舒适、沃尔沃汽车的安全等。没有功能性价值作为基础的品牌只能是空中楼阁。
情感性价值	情感性价值主要表达产品的情感内涵，如真情、关爱、友谊、温暖、牵挂等。销售者可以赋予产品生命和感染力，让消费者拥有一段美好的情感体验。例如，海尔“真诚到永远”、诺基亚的“科技以人为本”。
象征性价值	象征性价值主要诠释产品所蕴含的人生哲理、价值观、审美品位、身份地位等。人们往往通过使用这样的品牌产品，体验人生追求，张扬个性，寻找精神寄托。 总之，每个产品的价值都涵盖了这三个层面。只要门店销售人员让顾客认识到它们的存在，找到顾客购买产品的关键动机，并配合适当的演示方法，就能大大提高销售的成交率。

实用工具箱

产品价值分析表					
产品名称	产品特点	核心价值	带给顾客的利益	购买动机	演示方法

第3节　注重个人成长

问题1. 门店销售人员的3个成长阶段是什么?

问题2. 怎样才能实现成长以尊重为基础?

作为一名销售人员，必须回答一个问题：**我们究竟在销售什么?**

我们在销售满足顾客需求的东西；我们在销售改变人们生活现状、提高人们生活质量的产品；我们在提供更加方便、快捷的服务……这些回答都没有错，但都只看到了现象而没有看到本质。对于这个问题，门店销售人员的回答是，我们绝不是单纯地卖产品，而是在销售过程中实现个人成长。

成长阶段1：销售服务

门店销售人员通过提供热情和专业的服务，为顾客创造愉悦的购物体验，诱发顾客产生购物消费的欲望。

成长阶段2：销售价值

门店销售人员应该熟练掌握销售的专业知识和技巧，核心是必须学会销售产品的价值。

成长阶段 3：销售自己

门店销售人员最终应该领悟到：自己才是第一产品，推销自己比直接推销产品效果更好。

穿着时髦的王小姐刚走进一家裤子品牌专卖店，门店销售人员马上就迎了上来。王小姐正要翻看一条浅蓝色的牛仔裤，门店销售人员立即开口说："这是我们刚上的新货，很便宜的，才 88 元，昨天我们就卖了十多条。"王小姐听后有些泄气，但仍想看看别的，紧随其后的门店销售人员接着说："我们店里的裤子现在都在打八折，你可以试穿一下。"王小姐一听，扭头就走出了专卖店。门店销售人员仍跟在王小姐后面说："你看上的，可以再优惠呀！"

对于穿着讲究的王小姐来说，价格与优惠都不是最重要的，最重要的是衣服给自己带来的感觉或价值。而门店销售人员这种一味强调产品价格的做法，不仅降低了品牌的价值形象，对像王小姐这样的顾客也是没有吸引力的。

销售绝非把产品卖出去、把钞票收回来这么简单，也不是产品质量好、价格优惠，顾客就一定会购买。在由"以产品为中心"转向"以顾客为中心""以需求为导向"的时代，门店销售人员真该好好研究顾客需求、产品价值与自己，而不仅仅是产品本身。

成长以尊重为基础

尊重顾客、以需求为导向和延伸形成顾客链，是门店销售人员成长过程中应遵循的基本原则。

1. 永远尊重顾客，认同顾客

门店销售人员经常无意识地犯一个错误：在向顾客推荐或介绍产品时，往往站在试图说服顾客的角度，主动提出自己的观点。结果这个观点就成为顾客攻击的"靶子"，顾客与销售人员产生对抗，造成"话不投机半句多"、不欢而散的局面。所以，门店销售人员在与顾客交流时，一定要记住永远尊重顾客、认同顾客，不要对抗顾客。

2. 以需求为导向，引导顾客自己得出结论

门店销售人员自己说的结论，很容易遭到顾客的攻击。如果通过连环发问，不断引导顾客，激发顾客的购买需求，并让顾客自己得出不得不买的结论，然后再提出问题的解决方案，这样顾客就很容易接受你的产品或服务。其实每一个产品或服务都有它的价值或用途，也总能满足某类顾客的某一需求。但如果销售人员不考虑顾客的真实需求，不能让他们自己得出结论，销售很容易失败，再好的产品也可能被“拒之门外”。这也是今天我们不断强调营销一定要“以顾客为中心”“以需求为导向”的目的所在了。

第4节　高度的热忱和服务

问题1. 门店销售人员如何向顾客展示热忱与服务?

问题2. 门店销售人员如何提升自己的服务水平?

顾客盈门时，体现你的热忱

体现1：礼貌用语

体现门店销售人员的热忱态度之一，就是使用规范的礼貌用语。尊重是最基本的热忱。

门店销售人员在不同场合下的礼貌用语	
顾客到来时	要有“迎声”：“您好，欢迎光临（××品牌）。”
接待顾客时	使用恰当的称呼，一般以“小姐”、“女士”、“先生”等称呼顾客；注意“您”字当先，“请”字在前，“好”字不断；牢记基本文明用语：“您好”、“请”、“谢谢”、“对不起”、“再见”。
顾客提问时	要有“答声”，热情、主动、真诚地为顾客当好顾问。
顾客较多时	应说“对不起，让您久等了”，或者“请稍等，我马上就来”。
顾客买单时	应说明：“先生，收您××元，找您××元，请点好。”

（续表）

门店销售人员在不同场合下的礼貌用语	
当顾客要求退换时	态度要与顾客购买时一样热情：“只要符合退换规定，均可以退换。”如不符合规定时，要耐心解释：“很抱歉，按规定不能退换。”如遇到难处理的情况时，要有礼貌地说：“对不起，我请示一下领导。”
当顾客表扬时	应说“这是我们应该做的”、“不客气，我们做得还不够”。
当顾客提出批评时	要抱着虚心接受的态度说：“您给我们提出的宝贵意见，我们一定改进。”
当顾客离开时	要有“送声”：“请走好。”“欢迎下次光临。”

体现2：专注倾听

在与顾客交谈时应注意：不要把手插在裤袋里说话；不要上下打量着顾客说话；说话时注意观察顾客的反应，不要自顾自地唠叨；避免使用命令式话语，多用请求式；少用否定句，多用肯定句；当顾客说话时，应正视对方的眼睛认真倾听，不要打断顾客或眼光飘移；当顾客思索时，不要轻易插话；不对未成交的顾客挖苦或口出恶言，无论成交与否，都应将微笑保持到顾客离开。

体现3：耐心解释

对于顾客的不同意见，应采取先认同后解释的方式，进行合理引导，不要回绝或对抗顾客。如“价钱虽然高了一点，但质量很好啊”就是先认同顾客，再做解释，这样顾客比较容易产生认同感。而“质量比较好，所以价钱高了一点儿”，这句话的重点是放在“价钱高”上，顾客可能会认为：虽然质量好，但也不值那么多钱，好像我买不起这么贵的东西似的。

体现4：语气亲切、委婉

采用亲切、委婉的语言，让顾客听起来既感到亲切，又能够产生购买欲望。

门店销售人员如果把顾客当成自己的亲人、朋友，声音就会立刻变得亲切、生动起来。充满真情的语调，加上柔和、温情的眼神，一定会使顾客备受感动。

体现 5：音量适度

在和顾客交谈时，要注意自己声音的大小。声音太小，往往给顾客不自信的感觉，而且也会导致顾客听不清甚至误解你的意思。当然，如果声音太大，也会引起顾客的反感。声音大小适度，语速适中，才会使顾客愿意交谈。

体现 6：适当的表情和动作

说话的措辞和语气固然重要，但如果门店销售人员说话时表情冷漠、动作呆板，那么再生动的语言也起不到好的效果。因此讲话时，门店销售人员一定要配以自然的动作、亲切的表情，但不可夸张或矫揉造作，以免顾客反感。

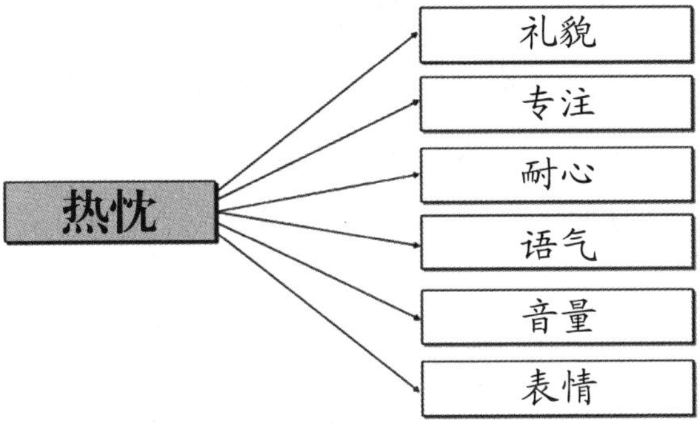

顾客购买时，展示你的服务

销售即服务。

如果问“顾客为什么买我们的产品”这个问题，大部分门店销售人员会说是因为产品质量好、价格低、技术先进等。不过门店销售人员看到的可不止这些，他们更关注的是顾客对服务的感受和需求。

自动饮料机销售的绿茶一般是每瓶 3~4 元，路边小茶馆的绿茶会卖到一壶 10~20 元，而在四星级酒店里，相同品质的绿茶则可能是一壶 80~100 元。这些饮品中的绿茶可能来自同一产地、同一供货商，茶叶本身的价格差别也许并不大，但为什么变成绿茶饮品后价格却有如此大的差别呢？这是因为经过销售服务，绿茶增值了。

具体来说，通过饮料机购买绿茶，顾客需要自己打开，喝的是冰凉的茶水，没有任何服务人员帮助增值，因此只须花费3~4元；路边小茶馆中，服务员会用热水泡茶，泡茶的服务会使绿茶增值，使每壶茶变成10~20元；四星级酒店里，优美的音乐、柔和的灯光、宽大舒适的沙发，再加上服务员亲切的微笑，所有这些都会使绿茶升值到每壶80~100元。

如果销售的产品同质化非常严重，那么唯一能够产生差异的就是顾客消费的环境以及门店销售人员提供的服务，这些都能够帮助产品增值。如果门店销售人员仅看重产品、质量、技术和价格，而不注重环境好坏与服务水平，则产品增值甚微，甚至无法产生增值效应，顾客自然也就不会产生物有所值或物超所值的满足感。

为此，在产品同质化严重、市场竞争激烈的时代，通过服务来制造差异已成为绝大多数门店的共识。

在很多门店服务人员心里，服务仍然是卑微的工作，是事务性的工作，这往往是门店销售队伍不稳定的原因。所以我们必须让门店销售人员更好地认识销售工作的重要性，无论是对公司还是对自己。门店销售服务是一个崇高的职业。销售是企业创造价值、产生增值的必要环节。

一个门店如果没有服务人员的销售与服务，那么门店的商品就永远是库存，绝对不可能转化为销售额，给门店带来可观的利润。商品只有通过门店服务人员销售到顾客手中，才能实现商品的使用价值。可见，门店服务人员的销售对门店生存的重要性。

门店服务人员的工作是一份满足顾客需求的工作。顾客有了需求，门店服务人员通过服务就可以很好地帮助顾客满足自己的需求，热情的服务和丰富的专业知识也能赢得顾客的尊重。门店销售也是一种社会活动，在这个意义上，门店销售人员就是社会活动家。门店的销售靠的就是销售人员频繁的社会活动产生的。销售人员需要与形形色色的人接触。这样就把社会活动串联了起来，形成一个互利互惠的经济价值圈。销售工作得到了全社会的认可，同样也受到了大家的尊重，销售是一个崇高的职业。

门店服务人员要正确对待门店销售这份工作，把这份工作当成自己的学校，在销售过程当中学到知识，使自己迅速地成长为一位专业人才。在对浙江企业经理人的调查数据中显示，最容易成为老板的人就是销售人员。因为销售工作决定门店销售人员是最近距离接触市场的人员，也是近距离接触消费者的人员。他们最先得到顾客的信息、市场变化的信息，他们是信息的第一收集者。同时，通过销售工作的磨炼，销售人员成为社会活动的重要成员，他们有广泛的社会交际圈，有良好的社会活动能力。这些能力、素质是一个老板必须具备的。

门店销售人员真正认识到销售工作的重要性，自然对销售工作的想法就会改变，对销售工作的态度也就会改变。

比尔·盖茨之前的世界首富，日本著名实业家堤义明说过："如果你把赚钱当作目的，往往就赚不到钱。我要追求的境界，是常人所达不到的，那就是'共享愉悦'。"

这里所说的"共享愉悦"，就是能提供给顾客"共享愉悦"的服务，如果一个企业无法提供让顾客满意的服务，那么它也就失去了成功的可能。据有关权威机构统计资料显示：15% 的顾客转向别家购物是为了更低的价格，15% 是因为更好的产品，而高达 70% 的顾客离开则是缘于糟糕的服务。

一走进宜家商店的大门，你就会被某种气氛所感染。除了设计简洁、色调明快、搭配合理的家具情景房间外，你还会发现宜家的商店没有"销售人员"，只有"服务人员"。因为宜家不允许门店销售人员主动向顾客促销某件产品，所以，这里不会像其他家具店一样，你一进门，门店销售人员就对着你喋喋不休。此外，宜家出售沙发、餐椅等的展示处还特意提示顾客："请坐上去！感觉一下它有多么舒服！"

在一些被罩、枕巾等床上用品上面，也会有"摸一摸！看看有多么柔软"等标签。这和国内的很多家具店动辄在沙发、床上标出"样品勿坐""非买勿动"的警告完全相反。在宜家，你可以亲身体验产品，包括对产品进行破坏性试验。宜家积极鼓励消费者在卖场进行全面的亲身体验，比如拉开抽屉、打开柜门、在地毯上走走、试一试床以及沙发是否坚固等等。

宜家家居的"体验服务"可谓登峰造极。轻松自在的购物氛围，是宜家商场的特征，而人性化的服务，会使顾客产生被尊重、被满足的感觉，切实体会到当"上帝"的滋味。

在门店销售中，顾客体验的不是产品，更多的是全方位的服务，以及由此带来的情感上的满足感和愉悦感。

再举个例子，北京百年老字号鞋店内联升，在清末众鞋行中独自承揽了皇宫里的买卖。据说这完全归功于店内的一本书——《履中备载》。书中把有哪些官员和富商贵人到店内买过鞋、穿多大号鞋、对鞋的喜好以及来店买鞋的经历都一一记载下来。不仅如此，内联升还推算这些顾客穿鞋的磨损周期，时候一到便主动提供上门定制服务。因此，直到今天，内联升每天依然门庭若市。内联升就是通过这样的"数据库管理"获得了更多顾客的青睐，这种服务水平恐怕现在的许多企业都无法达到。因此，要想成为一个门店销售人员，首先应达到门店销售的第一重境界：销售即服务，变推销观念为服务理念。

作为一名门店销售人员应认识到这一时代特点，并把培养强烈的服务意识作为提升自身职业素质的重中之重。

门店销售人员如何提升自己的服务水平	
体验中见服务	顾客为什么愿意直接到门店来消费？就是因为顾客愿意获得更为直接的感官体验，即他们更愿意体验和享受到商家提供的全方位的、优质的服务。 许多门店销售人员对“体验式销售”并不陌生。但“体验式销售”并不仅仅是指产品的免费试用，而是指企业站在顾客的角度，让顾客在一个可感受、可触景生情、可想象的购买过程中，获得愉悦且持续的体验，方便顾客以最直接、最真实的方式来理解产品，从而促成交易。
推销中见服务	只有高质量的服务，才能让顾客内心得到更多的满足。而只有获得充分满足感的顾客，才会将给予自己美好体验的产品推荐给亲朋好友和同事们，这就是营销学中的口碑效应。
态度中见服务	从顾客进入门店、购物消费到最终离去，销售人员热情的招待、贴心的服务、专业化的销售技巧会不断地使顾客累积美好的感觉，而持续的用心经营就会赢得顾客的信任与忠诚。 在整个门店销售中，门店形象、产品陈列属于服务的硬件，而销售人员的服务则属于软件。专业、贴心的服务不仅会不断地提升硬件的价值，也是销售人员不断展示个人魅力、提升销售业绩的重要前提。

第 5 节　超强的亲和力

问题 1. 门店销售人员为什么要培养亲和力，有什么好处？

问题 2. 门店销售人员如何培养亲和力？

世界级知名心灵导师卡耐基曾说过："一个人的亲和力往往决定着其在人们心中的第一印象，而这种印象一旦形成就会很难被改变。"

在门店销售中，产品门店销售人员的亲和力很大程度会影响自己与顾客的成交情况。可以说，产品销售者的亲和力首先来自顾客对其个人形象的第一印象。个人形象既包括身材、长相的外形特征，还包括仪态风度以及言谈。产品门店销售人员良好的外部形象与得体的表情姿态，会给顾客留下良好的印象，会塑造一种和蔼的亲和力，这也有利于下一步推销工作的进行。

因此，提高自己的亲和力、善于用自己的亲和力来赢得顾客的信任，进而促使成交的成功，是一名优秀的销售人员所应具备的一种能力。

销售大师乔·吉拉德就是使用这种亲和力法则而使自己成为顶尖的汽车销售员，赚取了大量的财富。他的方法表面上看起来好像很傻而且挺费钱，每个月他都给至少 13000 个老主顾寄去一张问候卡片，而且每个月的问候卡片内容都在变化。但是问候卡片正面打印的信息却从未变过，那就是"我喜欢你"。"我喜欢你”这四个字每个月都印在卡片上送给13000个顾客。或许有人会怀疑这种方法的有效性，但是乔·吉拉德已经用他的业绩证明了这一点：被他人欢迎、具有亲和力的推销员，才能成为推销高手。

销售员所从事的工作是与人打交道的工作，特别是要经常与陌生人打交道。从心理学上来讲，人们都有本能的防卫心理。同时，当前社会上对销售员的工作还存在许多误解和偏见，因此使得销售员在一些人的眼中成为“不受欢迎的人”。这就需要销售人员具备一定的亲和力，这样才能留给顾客良好的印象，进而打开销售的突破口。

王玉鑫是一家服装店的推销员，他曾在一天之内推销了150套衣服，其推销对象包括男女老少，服装种类应有尽有。有人对他极为好奇，于是专程到他店里请教他是如何取得这个辉煌的成绩的。

王玉鑫说：“最关键之处在于你如何使顾客接受你。如果顾客不接受你，他怎么可能买你的商品？”事实也确实如此，王玉鑫懂得让顾客有宾至如归的感觉，那就是亲自站在门店口，以诚挚自然的笑容欢迎光临服装店的顾客，王玉鑫和蔼亲切的接待深获顾客的好评。因此，顾客坐下之前多半已打定主意买他的衣服了。

总之，门店销售人员要善于亲近顾客，与顾客建立良好的关系。无论你推销什么产品，都不要忘记先推销自己，要善于培养自己的亲和力，与他人热情相处，赢得顾客的心。

再举个例子，在北京的车展上，一个穿着老北京拖鞋、打扮非常随意的四十来岁的人到悍马汽车的展位前，上下打量一款全球首发的车型。

这位穿着比较随意的顾客指着那辆悍马车向一名门店销售人员问道：“这车多少钱？”

门店销售人员看了他一眼，笑道：“说出来吓死你，你还是不要知道的好。”

那位顾客好像有点不高兴，对着旁边的另一门店销售人员说了一句：“麻烦一下，叫你们的经理过来。”

一会儿工夫经理匆匆地赶到：“先生，您有什么需要帮助的吗？”

顾客慢慢地说道：“我想预订5辆这样的悍马，这是200万元的支票，剩余的……”

在推销工作中，我们应该平等地对待每一个顾客，用属于销售者的亲和力款待每一个前来询问一些产品的问题的客人，这也是销售员的职业道德。

作为一名门店销售人员，无论是初识的顾客，还是很熟识的顾客，或者是在工作之外的朋友之交，亲和力是你获得他人接近的最重要的一张名片。可以这么说，是否具有亲和力也是一个优秀销售员最重要的考量指标。那么，在现实销售过程中，我们应该如何打造亲和力，进而赢得顾客的心呢？

门店销售人员如何培养亲和力	
认识自我	常言道：人贵有自知之明。每一个销售员只有深入地了解自我，才能有了解他人的基础。认识自己是真正具备良好的人际亲和力的基础。每个人都会有自己生活方面的短板，而这些都会影响到自己培养良好的人际关系的亲和能力。而作为一名销售员，一定要善于扬长避短，培养亲和力。 日本保险推销业的“全国之冠”原一平25岁当实习推销员时，身高1.45米，又小又瘦，横看竖看，在与人相处中都缺乏吸引力，可以说是先天不足。而在处处以貌取人的推销行业，这样的人往往处于劣势。但他苦练笑容，最终获得成功，他的笑容被人誉为“值百万美金的笑”。 由此也可以看出销售员的亲和力都是可以通过自己努力来实现的。
学会换位思考	作为销售人员，你一定要记住面对顾客时不要居高临下，我们要以要求别人的标准来要求自己，要用要求别人理解自己的心态去理解别人。在销售行业，很多销售员往往采用双重标准，对于一些看似有意购买自己产品的顾客总是认真对待，而对于一些顾客则是爱答不理的，结果往往会给自己带来不可低估的损失。

（续表）

门店销售人员如何培养亲和力	
用幽默打造亲和力	在销售行业中，如缺乏幽默感，那么便会影响会谈的质量。聪明的销售员总喜欢用幽默来增加自己的亲和力。 一名推销孩子的百变玩具盒的销售员在向一位女士介绍自己的产品的时候，笑呵呵地说道："亲爱的女士，我不是来给您介绍我的产品的，我只是想请您看一场我主演的魔术。请欣赏吧！" 只见那位女士笑呵呵地看完了这位销售员的产品介绍，最后也高高兴兴地给自己的孩子买了一个百变玩具盒。 在现实门店销售中，只要你想一想，在你的工作当中，那些你最好的顾客、那些最喜欢向你买东西的顾客，是不是都是因为你们彼此之间有很好的感觉，你们觉得彼此之间就如同朋友一般。正是这种亲和力达成了大部分成功的销售行为和结果。

第 6 节　对结果负责

问题 1. 怎样才算是对结果负责?

问题 2. 门店销售人员如何对结果负责?

抛开门店销售的话题，其实责任心在生活中也是无处不在的。例如，我们每个人对亲人、对爱人、对朋友、对家庭和对社会都有一份责任，可以说，责任是无处不在的。

在门店销售中，我们若不能对结果负责，也很难对自己、对顾客、对门店业绩负责。

确切地说，责任是一个成熟的自然人对自己的内心及环境 100% 承担的一种能力和行为。除了对与我们相关的人和事负责，我们更要为自己的言行举止、才华天赋负责。

一个在生活中有责任心的门店销售人员，在工作中基本也不会吝啬自己的责任心。一名成功的门店销售人员，一定是有责任心的员工。他们只关注最终结果，并总是想尽办法获得好的结果。他们很在意是否做了正确的事情。

当你不在自己身上找原因而把责任推卸给其他人时，失败就会变成理所当然的事情。要想创造满意的业绩，收获好的结果，不妨先对结果负责。

对门店销售人员而言，怎样才算是对结果负责？那就是带着责任心去创造结果。

赵梓萌在一家门店做店长的助手，几乎每天都有无数大大小小的事情需要她一手为店长准备。

有一次，会议是在某大厦举办的，在会议开始前，店长担心地拨通了赵梓萌的电话："我让你准备的会议请帖发过去了吗？"

"发过去了，三天前我就给那个大厦的经理送去了。"店长刚想继续问，赵梓萌又说，"但后来，我再次给那边的经理打电话，对方说会议听众可能要比预计的多500人。不过您别着急，我早已让他们准备好了多出的座位。另外，因为我们允许一部分人临时入场，这样我估算了一下，恐怕再加500个请帖也不够，保险起见，我替您准备了700份。另外，对方还问您是否需要准备相应的会议流程表发放给所有到场来宾。我回答对方您的确有这个习惯，不过这是在那个大厦的第一次演讲，所以我也不能确定。这样，那边暂时决定在会议开始前提前发放流程表，除非您明确告诉他们不要这样做。我帮您记下了那边总监的电话，有什么具体情况，麻烦您亲自和那边确认一下吧。"

赵梓萌的一番话，让店长高悬的心彻底放了下来……

赵梓萌在没有获得结果之前，并没有终止工作。因为她知道，这是她的职责，对店长而言，结果就是最重要的，所以，她带着这样一份责任心，创造出了让店长满意的结果。

门店销售人员如何对结果负责	
在没有结果前，负责到底	有些门店销售人员无论是在执行某项任务时，还是负责某个项目时，总是半途而废。在负责期间稍有差错或困难，往往知难而退。并且总是抱有"我不管，反正还有别人管""团队是大家的，凭什么就我一人负责？我也该歇歇了"的侥幸心理。长此以往，不但会失去上级信任，自己对自己也没了信心。所以，负责更需要一种坚持，直到拥有一个确定的结果，再根据具体问题具体分析是否有必要继续跟进。

（续表）

门店销售人员如何对结果负责	
好结果、坏结果都扛得起	有的门店销售人员总是喜欢“占便宜”，这里的占便宜并不是指这个人有多贪，而是选择性地负责。例如，大家一起执行某项任务，眼看就要顺利完成任务时，这个人就表现得越来越积极，大事小事全都一个人包揽，最终理直气壮地向店长邀功；相反，如果眼看快达不成任务时，这个人则第一个跳起脚准备跑路，尽快撇清自己的工作，一副最后爱谁理谁理的架势。这种只承担好事、不能同时承担坏事的门店销售人员迟早要被团队唾弃，被店长“冷藏”。当然，如果你无论结果好坏都肯负起责任，自然会收获大家信任的红利！
突破障碍，寻找契机	很多门店销售人员对于承担责任这件事都感到十分恐惧，怕同事戴有色眼镜看自己，怕店长的责备。其实，只要能突破这道障碍，就会发现崭新的机会。与其总是被动地抛开责任，让别人对自己负责，不如自己掌舵。对自己当下的处境及未来的发展负起全部的责任，才能在企业发展的同时不断提升自己的责任心。

第 7 节 明确目标和计划

问题 1. 有了目标和计划后应该怎么做?

问题 2. 门店销售人员如何以目标为导向?

对门店销售人员而言，明确的目标不是“我要出人头地”“我要挣很多钱”之类的空话，而是具体的、可以量化的、可以实现的，同时又具有一定挑战性的目标。

真正意义上的目标不是一个人“站着就能完成的”，也不是“飞起来也达不到的”，而是“努力跳起来就能摸得到的”。

当你有了明确的目标和计划，就要贯彻执行

很多人觉得，“计划赶不上变化”。即使一项工作布置得再周密，在执行的过程中也充满了变数。久而久之，这类人似乎早已习惯了这种变数，于是随意更改计划也成了他们的家常便饭。

当时你或许不觉得有什么异样，甚至还在为自己聪明透顶的决定沾沾自喜地偷笑，可最终汇报结果时，却往往给店长来了个“先斩后奏”，“因为……所以我临时改变了计划……所以……”，很多门店销售人员都是那时才发现，原来只是自以为很能灵活变通，但店长却不买账，反而被责怪有什么事不请示就改变，就连计划好的事情失败了，都没有交代……

不要以为是店长过于苛刻，其实是我们太过随意地更改了计划中的事。

要知道，店长交给你一个任务，固然有他的理由，门店固然有自己的需求，而当你改变计划时，其实你同时也转移了门店的目标，但作为门店销售人员，往往不清楚企业的具体战略和决策，所以往往使目标偏离了原来的轨道，这个巨大的损失并不是你负了责任就能赔得起的。

1. 计划是用来执行的，不是随意改变的

很多门店销售人员往往为了更好地达成绩效而擅自改变原有的计划：出了错时还口口声声说是为了追求完美。但是，别忘了，只有尽职尽责，才能尽善尽美。很多门店销售人员本来具备一定的能力，却因为不具备责任心，而总是在工作中出错，这时他就会想尽办法弥补或使其看上去接近完美，想尽办法取得成功。殊不知，即使取得了暂时的成功，今后也很有可能因小失大。千万不要被一时的业绩冲昏了头脑！

2. 制订计划时尽可能严谨

一个人的自制力往往是有限的，但是如果一个团队的所有成员都很有自制力，都能主动按照计划严格执行，那么，你还会甘愿做那个看似不伦不类的拖后腿的人吗？肯定不会。所以，要想避免计划被更改，除了要在制订计划时尽可能把计划布置得严谨，不给自己更改计划的机会，更要在执行中与其他队员互相督促，成为彼此的约束力，不随意破坏规矩。

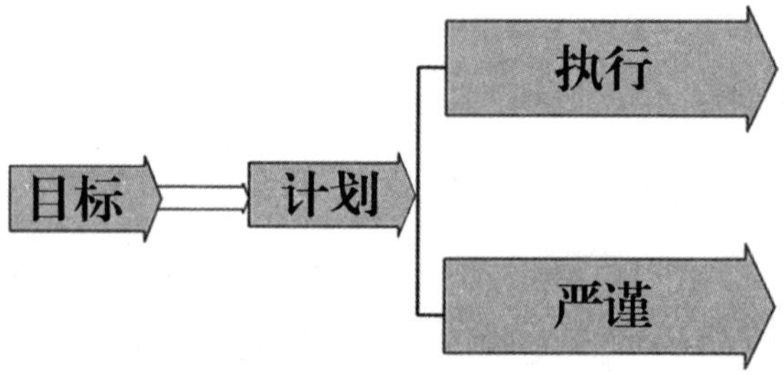

目标导向思维

目标导向，是激励理论之一，具体是指达到目标、满足需要的行为。

门店销售人员如何以目标为导向	
设定目标时自我奖励	最常用的方法就是在设定目标的时候，一定同时给自己设定相应的奖励。许多人往往只设定目标，却忘了奖励自己，结果弄得自己像头只知道拉磨的牲口，整天感觉苦海无边。因此，设定目标时，不要忘了奖励自己一下！比如：当我销售额实现 50 万时，我要奖励自己和家人去海南旅游；当销售额达到 100 万时，我要奖励自己一辆轿车……
追求双赢	许多门店销售人员认为：不管采用什么办法，只要把产品卖出去、把钱收回来就算成功，至于产品是不是真的适合顾客、是否有欺诈的成分，那是顾客的事情。这是典型的单赢做法，也是一些非常短视的公司仍在采用的策略。这些公司往往鼓励门店销售人员销售对公司来说利润最大的产品，而不是最适合顾客的产品。他们与顾客之间是一次性交易，绝不是长期的合作伙伴关系。这样的公司是不可能做大、做长的。 门店销售人员通常采用双赢甚至多赢的策略，把销售的重点放在帮助顾客上。在帮助顾客的前提下，把产品卖出去，并使产品价值最大化，从而让顾客满意。这样门店销售人员才能实现成功销售，并真正与顾客保持长期的“朋友式”的合作关系，使销售业绩倍增。

第 8 节　善用潜意识的力量

问题 1. 什么是潜意识的力量?

问题 2. 门店销售人员如何激活潜意识?

永远忙不完的工作、没有空闲时间、复杂的人际关系、烦琐的事务——面对这些，你常会感叹“活得好累”。不仅心累，身体也疲劳乏力、反应迟钝、活力降低，对什么事都提不起精神，常常感觉焦虑、烦乱、无聊和无助。

经常处于上述状态的门店销售人员，其实就属于压力增大的“亚健康状态”。调查显示，如今 90% 的人都面临着工作压力大的问题。世界卫生组织也称工作压力是“世界范围的流行病”。强大的工作压力常常让人感觉窒息。压力与其他事物一样，同时具有积极作用与消极作用。适度的压力能使人挑战自我，挖掘潜力，富有效率，激起创造性；而过大的工作压力，不管其来源是什么，都会引起焦虑、沮丧、发怒等后果，造成各种生理方面的疾病，如心血管疾病、头痛或造成工作事故等。压力太大不仅有损我们的身体健康，而且大大降低了我们的工作效率。

门店销售人员应当怎样化解压力，保持身心健康呢？这里就要涉及一门学问：

潜意识的力量

潜意识是一个心理学术语。具体是指人类心理活动中，不能认知或没有认知到的部分，是人们“已经发生但并未达到意识状态的心理活动过程”。弗洛伊德将潜意识分为前意识和无意识两个部分（有的又译为前意识和潜意识）。

提出者西格蒙德·弗洛伊德在其著作中指出：“我们是无法觉察潜意识的，但它影响意识体验的方式却是最基本的——我们如何看待自己和他人，如何看待我们生活中日常活动的意义，我们所做出的关乎生死的快速判断和决定能力，以及我们本能体验中所采取的行动。潜意识所完成的工作是人类生存和进化过程中不可或缺的一部分。”

说到底，我们利用潜意识，可以调节心理，使之处于健康、平衡的状态，以缓解门店销售工作中的压力。

门店销售人员如何激活潜意识	
积极的态度	只要有工作，压力就会存在，它是你工作中无法回避的组成部分。压力大与小，能否承受与缓解，关键在于我们面对压力时的心态与应对的方法。因为个性、经历的不同，每个人的解压方式也有所不同，但是关键是要用一种积极的态度去解决问题。
妥善安排工作计划	门店销售工作中繁杂的事务会消耗我们大量的宝贵时间和精力，让人觉得整天都很忙，但是又没有成就感，因而感觉到压力很大。这时，门店销售人员需要妥善地安排自己的工作，每天写出哪些事情是最重要的、哪些事情是次要的，重要的事情先做，次要的放在后面做，这样就可以集中时间和精力做重要的事。
及时总结，鼓励自己	把自己的“业绩”记录下来，一来总结经验，整理应对各种顾客与意外情况的有效方法；二来多想一想自己成功的经历，想一想自己的优点，激励自己，从而更有效地工作。
善待自己，放低标准	摆脱完美主义的束缚，不要希望把所有的事情都做到完美，不要对自己太苛刻了，适当地对自己要求低一些，放松一下自己的心情，或许在客观上也减轻了别人的压力，有利于建立良好的工作关系。
及时释放消极情绪	把自己的痛苦和烦恼倾吐出来，把消极情绪释放出来，这是一种很好的缓解压力的方法。通常可以找信赖的朋友，尽情地倾诉自己的不满和委屈，听取来自他人的建议；或是和朋友一起唱唱歌、乐一乐，把“气”放出来；也可以通过给自己写信的方式，宣泄内心的不满，进而控制自己的情绪。
建立良好的工作关系	同事之间的摩擦也许难以百分之百避免，但如果有了摩擦，就要用积极的态度去解决，与同事建立愉快、高效的合作关系。在与上司的相处中，要明确自己和上司在工作中的权利和义务，与其建立有效的、支持性的关系。

（续表）

门店销售人员如何激活潜意识	
不要忘了休息	过重的工作会使人生理疲劳，效率低下，从而导致过分的焦躁与紧张。适当的休息不但会缓解大脑疲劳，而且可以放松一下紧张的心情，减轻心中的压力。特别是门店销售人员，下班后应好好休息一下，毕竟工作不是生活的全部。保证充足的休息与睡眠，有了旺盛的精力，才能抵制住压力的侵袭。
保证适当的运动	有空运动一下，这是调剂心情的良方。可以参加某项自己喜欢的体育活动，比如爬山、游泳、球类等。这些活动有助于释放压力、放松大脑、恢复精力。

第三章

让顾客第一时间选择你

——门店连单销售的六大必备特质

【门店解码】门店连单卖手的主要特征

微笑，保持热情；

步伐再快30%；

未实现个人目标自愿加班；

动手大于动口；

没有顾客时截留；

面对顾客拥有强烈的目标感。

——上述连单卖手的六大工作特点是本章的重点。

是否具备这几大特点，将直接影响门店销售人员的个人业绩。

业绩的“631法则”中提到：业绩 = 顾客接待量 + 技巧 + 运气

接待量、技巧、运气——哪个更重要?

没有顾客时大部分门店销售人员，在做什么?

门店销售人员站在什么地方?

收银台后面是谁?

靠近收银台的是谁?

远离收银台的是谁?

销售冠军和业绩倒数第一名是如何聊天的?

所有投诉抢单的人是业绩好的人还是业绩差的?

如果门店销售人员在第 2 次放弃、第 5 次放弃，是否会成交？

被顾客拒绝后，你接待了几次？

所谓“631”是指——60% 的接待量，30% 的技巧，10% 的运气。

也有人觉得技巧重要，那么，技巧从哪里来？

举个简单的例子，科比之所以能在 3 分钟内绝杀，这是他苦练的结果。那么你想让你的技巧提升，只有提升接待量。技巧不是不重要，而是当你的接待量一增多，你的技巧自然就来了。

勤奋是提升个人能力的唯一途径。勤奋亦是一种习惯。好比我一向走路都很快，每次爬楼梯我都是跑上去，这就是习惯。

愿大家通过本章的学习，都能养成良好的销售习惯。

第1节　用微笑和热情迎接顾客上门

问题1. 门店销售人员如何培养自己的微笑与热情服务?

问题2. 门店销售人员如何展示“专业的微笑”?

用微笑迎接顾客

微笑的门店销售人员最易受到顾客的欢迎，而发自内心的微笑才是最动人的。因此，门店销售人员应该用最愉快的心情、最灿烂的笑容去迎接顾客，用自己的好心情去感染顾客。

好的开始是成功的一半。顾客走进门店后，最先接收到的第一个信号就是你的微笑。很多时候，顾客还没有听到你的声音，就会远远地看到你微笑的面容，并很快对你做出初步的判断。这就是“未闻其声，先见其容”的效应。

迷人的微笑展示的是愉快、自信、友善、热情、礼貌。对于门店销售人员来说，微笑可以营造令顾客愉快的购物环境，可以创造使产品增值的服务气氛；尤其对在服务一线的门店销售人员来讲，微笑则是向顾客传递关怀的最佳方式，也是化解问题的利器。

那么，专业的微笑应该是什么样的呢?

门店销售人员如何展示“专业的微笑”	
真诚	不管从事什么行业，真诚的微笑是展示“专业”态度的基础。当顾客盈门时，报以真诚的微笑，往往胜过千言万语的推销。
嘴角的弧度	两嘴角对称，嘴角微微上翘。
亲和力	嘴巴笑，眼睛也笑，眼神也笑。通过眼睛、嘴和眼神“三笑合一”，表现出你的善意和亲和力。
发自内心	真正的微笑是发自内心、毫无包装的。只有这样的微笑才最迷人，才能成为打开顾客“心灵”的钥匙。

用热情迎接顾客

对所有顾客保持从始至终的热情是很难的。也许在顾客刚走进店时，门店销售人员还很热情，但时间长了，这种热情就有可能“变了味道”。

我们常常看到这样的情景：在询问了半天也没有购买的顾客离去后，门店销售人员往往忍不住抱怨说“嫌贵别问呀”“没钱，就别来这里买”。虽然门店销售人员说的这些话离开的顾客听不到，但会让周围的其他顾客听到。如果你是这样的门店销售人员，周围的顾客对你肯定很失望。

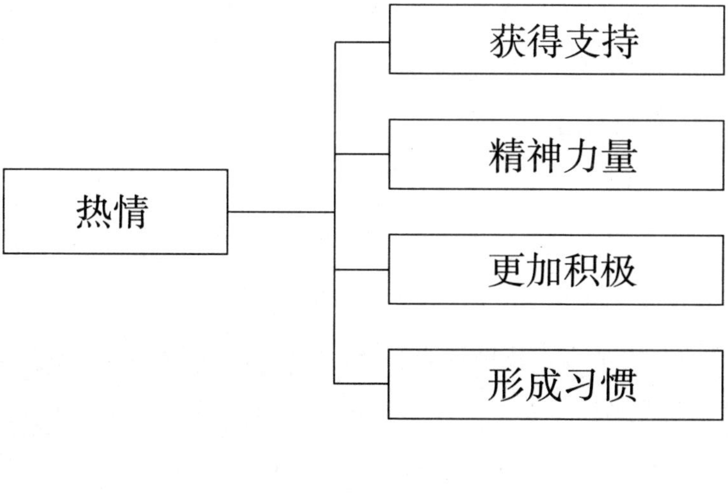

1. 热情获得支持

对顾客热情，可以让周围的顾客感受到你的真诚，使更多的顾客成为你的支持者。

一个优秀的门店销售人员必须每时每刻都注重服务质量。也许你 99% 的工作都做得很好，但有 1% 做得不好，而这 1% 被顾客感受到了，那么在顾客眼里，你就是 100% 做得不好。

我们经常会在商店里看到，门店销售人员在顾客购买前后的服务态度迥异。门店销售人员往往是在顾客购买前表现出极大的热情和耐心，然而顾客购买之后，就对顾客摆出一副漠不关心的样子。

这种前后迥异的服务态度往往给顾客一种“过河拆桥”的感觉，从而使门店销售人员之前在顾客心中的良好印象大打折扣，甚至一落千丈。此时顾客往往会感到被欺骗、被捉弄，以致对门店销售人员的人格产生质疑。因此，门店销售人员应时刻注意，对同一顾客在销售前后要保持同样的热情，让顾客感受到你的热情是持久的、真诚的、发自内心的。

2. 将热情转化为积极的精神力量

热情代表着一种积极的精神力量，不同的人，热情程度与表达方式不一样。同一个人，在不同情况下，热情程度与表达方式也不一样。但总的来说，热情是人人具有的，善加利用，就可以使之转化为巨大的能量。

你如果已经工作了，就会知道，当你最初接触一项工作的时候，由于陌生而产生新奇，于是你千方百计地了解、熟悉工作，干好工作，这是你主动探索事物奥秘的心理在职业生涯中的反映。而你一旦熟悉了工作性质和程序，日常习惯代替了新奇感，就会产生懈怠的心理和情绪，容易故步自封而不求进取。

3. 热情让你更积极

有热情才能有积极性，没热情只能产生惰性，惰性会使你落伍。业绩不佳难免要被“炒鱿鱼”。这也是职业生涯中的一条规律。由此看来，你能不能与别人竞争，关键在于你的心理素质和内心动力，也就是靠坚持不懈的工作热忱。

同样是销售，有热情和没有热情，差别是相当大的。前者使你变得有活力，工作得有声有色，创造出许多辉煌的业绩；而后者，使你变得懒散，对工作漠然处之，当然就不会有什么发明创造，潜在能力也无处发挥。你不关心别人，别人也不会关心你；你自己垂头丧气，别人自然对你丧失信心；你成为这个职业群体里可有可无的人，也就等于取消了自己继续从事这份工作的资格。可见，培养职业热情，是对赚钱和成功至关重要的事情。

4. 将热情培养成为一种习惯

抱着无论多么遥远你必将达到既定目标的态度推销自己。例如，自我暗示是培养热忱的有力力量。随时保持积极心态，在充满恐惧、嫉妒、贪婪、怀疑、报复、仇恨、无奈的思想世界里不可能出现热忱，它需要积极的思想和行动。这样才能慢慢养成习惯。

保持微笑、热情的四层含义

1. 照顾好顾客本人

照顾好顾客本人主要是指照顾好顾客的情绪，有的顾客是有需求时购物，我们只要满足这类顾客的需求就可以了；有的顾客是开心时购物，我们只要多赞美对方便可；有的顾客是生气时才来购物，面对这样的顾客，我们要多站在对方的角度才能说服他。换言之，顾客开心我们就开心，顾客不开心我们就不开心，聊顾客喜欢聊的才能促成销售。

2. 照顾好顾客的同伴

在销售时我们不难发现，如果顾客是两三个人一起进店，或带小孩和家人进店购物，我们往往很难成交，其中很大一部分原因是我们没有照顾好顾客的同伴。

所以当顾客和朋友一起来的时候，我们要尽可能做好同伴的服务。例如，顾客和同性朋友一起进来，两个人身材差不多时，我们可以建议他们一起试或一起购买，这样可以更加划算；如果是异性朋友，那就把两个人分开，一人照顾顾客本人，一人照顾顾客的同伴，带他去店铺吃东西或喝水等等，只要他的同伴吃了或喝了你的东西，当顾客咨询他的相关意见和建议时他通常会说“好”；当然带老人或小孩子过来的就必须照顾好他的小孩子或老人。

3. 卸下顾客手中的物品

当顾客提着大包小包进店时，我们首先要帮助顾客把东西储放到收银台或仓库，但要记住：“顾客贵重的物品必须提醒顾客自己随身携带”。大部分超市这一点就做得很到位，当我们进入超市之前，他们就要求我们把东西放到储物柜里，这样我们便可以放心地轻松购物。

4. 拒绝以后再次推荐

在销售时很多时候顾客拒绝我们一两次我们就放弃了，也丧失了很多销售机会。我们不妨换位思考，如果我们是顾客，销售人员推荐东西给我们，我们拒绝几次（通常是三至四次）后就会懒得拒绝，因此顾客也是一样，当我们向顾客强烈推荐三到四次时，顾客一般都不会再拒绝你。

第2节 步伐再加快30%

问题1. 步伐为什么要再加快30%？

问题2. 如何在与顾客接触、沟通的过程中加快步伐？

为什么要让步伐加快30%

一来如果你的速度太慢，就很可能被对手抢占先机；二来永远不要等到顾客主动找你。销售人员在顾客主动提出疑问时，要更多地了解顾客的信息，比顾客更早发现他们的需求，这样才能对症下药，提高成交率。

1. 在与顾客接触过程中提速

在与顾客接触过程中，主要是了解和发现顾客的需求，然后结合顾客的需求有针对性地介绍自己的产品。这首先需要通过多提问来了解和发现顾客的需求，无论用什么样的方式提问，或者提什么样的问题，都应该第一时间了解顾客的需求信息。

一般情况下，顾客需求越迫切越强烈，则购买行为实现的可能性就越大。反之，需求不迫切不强烈，顾客的购买行为就可能推迟，甚至不发生。门店销售人员提出的大量问题，一是了解需求，知道顾客需要什么；二是拉动需求，尽可能让顾客向自己的产品靠拢。

销售人员要想在谈判过程中尽可能真实地、更多地了解顾客的需求，就要主动出击。在交谈过程中，与顾客巧做周旋，力争让自己的心态始终处于上风。

比如房地产销售人员，在顾客第一次接触某处房产时，如果你认为该顾客有潜在的购房可能性，一般情况下，你就要主动提出一些相关的问题，要把需要了解的信息了解到。其他的话题，最好还是少说为佳。此后，你可以不断向顾客追问是否已拿定主意，这一过程中，只要顾客不承诺肯定购买，你就要耐心地接待、听取顾客的意见。但同时，你真正要做的事情，就是要在不经意间，让对方主动提出诸如让价比例、付款方式等条件。

2. 在与顾客沟通过程中提速

门店销售人员用提问的方式与顾客沟通，最主要的原则就是“让顾客多说话”。让顾客多说话，首先要把握提问的主动权，也就是说让顾客在你的引导下多说话。如果把握不住这一点就容易让顾客“反客为主”。门店销售人员对自己门店产品的一切情况包括合作条件等都了解清楚了，却还不知道对方主要是想买什么。为了避免这种情况发生，门店销售人员要善于把握发问的主动权，尽可能多地提出问题，从顾客那里获得自己想要的信息。

向顾客主动地多提问至少具有以下作用：

第一，通过主动提问，销售人员可以获得顾客反馈回来的信息，这些信息可以帮助销售人员发现顾客的需求，确认交易障碍，修正销售方法；

第二，通过主动提问，可以向顾客表明销售人员十分重视他们的需求，并正在努力满足他们的需求；

第三，可以利用机会，思考问题，比顾客更快一步准备对策。

另外，与顾客谈话，一定要积极主动，这样才能使顾客无所顾忌地说出他想说的话。这不仅使顾客有一种受重视的感觉，而且还能使自己获得更多的顾客信息。不仅要积极主动地关注顾客的谈话重点，而且还要及时对顾客的发言做出回应。例如，你可以说“您说得对”“我同意您的看法”“对！是这样的”。这些做法虽然简单，但确实可以表明你对顾客的话是感兴趣的，从而能鼓励顾客继续讲下去，你们也会继续接触下去，使彼此的关系得到改善，这会大大有利于你和顾客的交易。

出于各种原因，有些情况下顾客并不直接或者明确地告诉销售人员他们究竟需要什么。这种情况下门店销售人员就需要让顾客多说，自己多听，来了解顾客的需求。当更快发现顾客的更多需求时，你也就有了更多顺利成交的筹码。

第 3 节　未实现个人目标时自愿加班

问题 1. 你是否有过这样的经历：为了达成个人目标，
不要加班费而自动自发去加班？
问题 2. 如果你多上了几小时的班，多做了一些工作，你觉得自己亏不亏？

做门店销售人员就是为了拿工资；

完成目标就开心地下班；

卡里钱够生活就行了……

很多人不明白工作的真正目的。

世界上从来不缺少梦想家，真正的梦想践行者却不多。门店销售人员想开店的很多，最后开成店的却很少。有些门店销售人员每天拿着 300 元的工资，内购都不舍得买，此刻他的眼中只有工资，没有目的、梦想。

人与人的区别不在于努力够不够，而在于目的明确不明确

工作的目的不是为了工资，而是为了成长！否则，十年后，没有资本就得用经验换成本，因为你在 30 岁前，把工作的目的搞错了。

我们现在所处的时代，存钱的速度永远赶不上社会物质的丰富速度。你不断为了完成目标而加班，也是为了成长，而不是为了多拿 300 块钱。因为有没有 300 块钱对你的生活不会有质的改变。

我刚踏入社会参加工作时，平均每天工作时间超过 13 小时。公司没有绩效考核、奖金，做好做坏也没有人监督，但我还是心甘情愿付出，把工作做到最好。因为我的目的只有一个——积累经验，尽快褪去稚嫩的外衣，让羽翼丰满起来。

不计回报地加班，也不抱怨，很多同事笑我傻。事实证明，正因为我当时比别人付出更多，回报、收获也就更多。十几年前，我与做相同工作的同事一同起步，收获却大不一样。今天我成长为一名讲师，也是因为我比别人付出了更多——每天额外讲 2 小时。如今，在行业里，除了我的课程，没有一个课程可以招生到 1360 人，我创造了纪录。

再看现在的年轻人，创业为什么失败？为什么有目标，但是大部分人没有实现目标？

原因就在于有的人以工作时间为单位标准，有的人以工作目标为单位标准。

如果你的工作目标没有完成，就开开心心安心下班。你是在自欺欺人，很难看到光明的未来。

工作以目标为单位，不是以时间为单位

只要目标没有完成，就不能以时间为单位。

以目标为单位有一个标准：如果你是一名店长，今天的目标没有完成，那么你至少要再卖出一单才可以下班；如果你是一名门店销售人员，今天的目标没有完成，那么你应该自愿加班完成一单。

渐渐地，你会发现，顾客总会在第一时间选择你而不是他人，成交的速度也越来越快！

你终于明白，加班最终的目的是为了不加班。

只要你心中有目标，老天也会支持你。

1. 门店销售目标

许多门店销售人员从某种程度上不愿面对销售目标，即便他们很优秀。例如，有些门店销售人员认为目标始终在不断提高，完成了 A 目标，还会增加 B 目标、C 目标，店长制定的目标毫无依据，不确定是否可行等。

我们可以通过现实的数据、科学的方法制定可实现的门店销售目标。

可实现是指目标既不能难以实现，让自己失去信心；也不能设定太低，让自己信心膨胀。

确定门店的销售目标应结合现实数据，如下表：

确定门店销售目标的参考数据

数据	分析
门店去年同期销售额	与去年（往年）的销售业绩做比较
市场同类产品销售额	与市场的同类热销产品做比较
门店外部市场变化	国家政策、新趋势、物价等
门店在卖场的变化	位置是否合适、是否重装等
门店销售人员成交的客单价	每月销售额 / 每月成交单数
门店销售人员的平均成交率	成交顾客数 / 进店顾客数
门店的盈亏平衡点	综合评估门店的销售业绩

每个门店的销售情况都不同，具体问题要具体分析。上述数据只是作为参考。有了这些数据，我们就可以根据实际情况制定可实现的目标。

2. 将目标分解

设定门店销售目标相对简单。要想把目标分解落实，既取决于门店店长的工作能力，也要让门店的每个人在潜意识里认识到目标的重要性。

根据门店每个月的任务，我们可以将目标分解到每周，再分解出每个人每天需要完成的任务。确保完成每天的工作量，最终才能实现“从量变到质变”。

分解之后，管理者 / 店长就要督导员工执行，让目标落地。

达成目标的 5 个步骤		
步骤		描述
第 1 步	计划	根据员工的不同特点，制订指导计划，明确责任人、标准及时间；
第 2 步	奖惩	建立奖罚机制，让员工有被指导的动力和激情；
第 3 步	分配	分配工作，落实到个人，而不是质疑员工的能力、主动性；
第 4 步	纠偏	结合门店问题与员工个人工作目标对最终目标进行改正；
第 5 步	控制	及时对指导效果进行监督。

分解目标的过程，就是解决问题的过程。当所有问题迎刃而解时，你既增长了经验，又获得了更多回报。北京师范大学教授、文化学者于丹说过：“世界上 1% 的人是吃小亏而占大便宜，而 99% 的人是占小便宜吃大亏。大多数成功人士都源于那 1%。”现在，你还会觉得自己“亏了”吗？

第4节　动手大于动口

问题1. 动手大于动口的原则是什么?

问题2. 门店销售人员如何做到“动手大于动口”?

情景一

看到顾客在翻衣服，门店销售人员说了半天，就是不动手帮助顾客寻找。

此时，门店销售人员的正确做法应该是：

第一步：取货；

第二步：塞衣服到顾客怀里；

第三步：简单介绍。

第四步：用命令式的肯定句，左手在顾客肩部拍两下，右脚向前跨一步，右手指引试衣间，把顾客引领到试衣间。

反面案例——顾客看中了一款衣服，门店销售人员说有货后，盯着顾客看，不行动，顾客继续看着他，门店销售人员反应过来问顾客：“要不要试一下？”

动手大于动口的原则——说到哪儿摸到哪儿。

如赞美手表：把手放在手表的附近等等。

情景二

顾客看中模特穿的一款衣服，盯着门店销售人员看了半天，门店销售人员才反应过来说：“要不我拿给你看一下？”顾客还是盯着他看，门店销售人员才去拿货，最后顾客不试了，转身走了。

而常规的连单应该是这样做的：

顾客试上衣时，就给他搭一条裤子。

试穿前，动手要在动口之前。

例如：门店销售人员问：“我们秋装上市，我给你搭条裤子，好不？”

有些顾客根本就没有听你在说什么，因为你没有动手。

	与顾客“套近乎”
为何要动手	一家洗衣机门店无偿提供 10 台全自动洗衣机，供广大顾客长期自助洗衣使用。洗衣机专卖店拿出 10 台洗衣机，商场则腾出商业黄金宝地来办自助洗衣销售部，其中有什么奥秘？ 1. 它可使顾客亲自操作，更加详细、全面和实际地了解某品牌洗衣机的功能与独特的优点。而一般的洗衣机厂只把样品摆在商场，顾客无从了解其操作是否简捷，能否将衣物洗得干净等。让顾客自助洗衣，在购买前先学会如何操作，必将给顾客一种强势的刺激，当他想购买洗衣机时，这种品牌的洗衣机必将成为首选机种。 2. 拉近生产企业、销售员与顾客之间的距离。顾客亲自操作洗衣机，消除了心理障碍。自助洗衣沟通了生产企业与百货商场之间的交流渠道。顾客在亲自动手的过程中能更加深入地了解产品，产生亲切感，从而产生购买欲望。 3. 具有一种现场操作的实际广告效果，这种方法并没有“誉满全球”之类不着边际的虚妄之语，而是以看得见、摸得着的事实取信于顾客，自然会收到立竿见影的“展示销售效应”，从而促进产品的销售。
何时动手	门店销售人员在展示产品时，一边熟练地操作演示，一边也要配以恰当的演示说明。合理、恰当的解说词可以增强产品展示的效果。但是，一些门店销售人员在进行产品展示时总是使用陈词滥调，比如，“你知道，一分钱一分货”或“便宜没好货，好货不便宜”等毫无新意的老生常谈。门店

（续表）

	解说过于平淡时
何时动手	销售人员可能认为这样的话一样能增强顾客的决心。其实不然，也许每个门店销售人员都会说这样的话，顾客已经听得过多而不相信这样的话了。 作为一个产品的门店销售人员一定要记住，最好的故事要出自顾客口中。与其告诉顾客你的故事，倒不如问顾客他是否曾经买过什么比你的产品更贵的东西，然后问他对结果是否满意。如果问顾客是否买过比你的产品更便宜的东西，那你常常会问不出什么来，因为这样的产品往往不能衬托出你的产品的特色。 一个形象的比喻，有时能打动顾客。这个方法有助于顾客理解下面的做法有多么明智，即购买合适的东西，而不必购买他们原先觉得应该买的东西。 事实上，门店销售人员在展示产品时使用陈词滥调一般是因为他们没有认真练习展示产品。他们只是为了推销产品而向顾客做产品示范，但私下里并没有花时间和精力去练习推销。所以，在他们做产品示范时就想不出应该用什么语言来更好地解说产品，而只是用一些陈词滥调来打发时间。
	展示你的产品
如何动手	展示销售法是一种常见的“动手”方法，但其具体的方式和内容十分繁杂，从商品陈列、现场示范到时装表演、商品试用均可视为展示销售法。其主旨就是力图让顾客亲眼看到、亲耳听到、亲身感受到商品的精美和实用，把商品的特性尽善尽美地表现出来，以引起顾客的兴趣。一般的展示销售法大家都比较熟悉，在此也无须多耗笔墨，仅推荐两个独具特色的实例： “有奖品尝，答对酒名者，奖酒一瓶”这道横幅非常引人注目。许许多多行人纷纷驻足观看，酒瘾大者则挤到柜台前品酒报名，一时间好不热闹。酒厂出产的特曲、大曲、三曲等六种系列产品，被盛在编了号的酒杯中，供顾客免费品尝，如果有人能正确地说出酒名，酒厂将奖酒一瓶。酒厂这一招，可谓一举多得，免费品尝就足够吸引顾客了，不管是酒鬼还是小有瘾者，不掏腰包先尝好酒，过够了瘾，这比隔瓶看酒冥想酒味实惠得多，让顾客只想买此酒厂的产品。要是品酒的技术高，答对一两种酒名，得两瓶奖酒，更是心情大畅。按一般顾客的购物心理，当他对一种商品产生兴趣时，就会产生强烈的排他性，对于其他同类商品会视而不见，只选购认定的商品。酒厂正是根据顾客这一心理，采用品酒加奖酒的方法，对顾客施加强势刺激，吸引顾客。 这项别出心裁的展示销售活动取得了巨大的成功，成交额有了大幅上升。

第5节 没有客人时截留

问题1. 什么是截留？为什么要截留？

问题2. 如何才能有效截留？

什么叫截留

顾名思义，把行人请进店铺叫截留。

记得在为波司登做咨询期间，有些高管认为，我们是世界品牌，定价很高，截留算什么，怎么能让门店销售人员去截留呢？这多影响身价！

事实果真如此吗？

我们选了一个店，让店长去截留。结果表明，一个顾客本来不想进店，但因为截留，顾客不仅进了店，最终还成交了，波司登的高管看到了结果，最终同意了截留模式。

通常，认为不太适合截留的有：

贵的货品；

知名品牌。

然而，我的朋友去日本步行街时发现，知名品牌名表都在截留。如劳力士、欧米茄等国际一流的品牌都在截留。这些昂贵的品牌都在截留，为什么你不可以？世界顶级的都在截留，你还有什么资格不截留？你既没有他们贵，又没有那么高的知名度，你凭什么不去截留？

为什么要截留

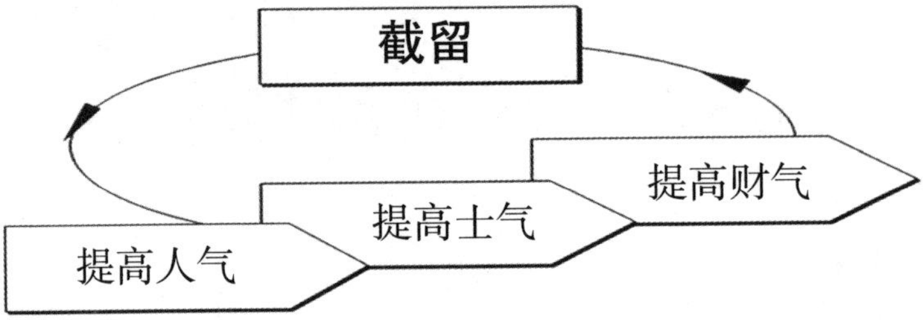

1. 提高门店里的人气

当门店里顾客比较多的时候，外面的人会看到店里的人多而不自主地进入店内，这在心理学上叫“从众心理”。

从众心理是指个人受到外界人群行为的影响，而在自己的知觉、判断、认识上表现得符合公众舆论或多数人的行为方式，而实验表明，只有很少的人保持了独立性，没有从众，所以从众心理是大部分个体普遍所有的。而由从众心理产生了从众行为，一般说来，群体成员的行为，通常具有跟从群体的倾向。当他发现自己的行为和意见与群体不一致，或与群体中大多数人有分歧时，会感受到一种压力，这促使他趋向于与群体一致现象，这种叫作从众行为。

从众心理和从众行为在我们的日常生活中比比皆是。大街上有两个人在吵架，这本不是什么大事，结果，人越来越多，最后连交通也堵塞了。后面的人停了脚步，也抬头向人群里观望。

2. 提高门店里工作人员的士气

试想，一旦店内的顾客多了，店里的所有人都忙得不可开交，甚至走路都要小跑，那种精神状态会多好啊！

当然，如果店里顾客很少，或者没有顾客的时候，所有人都会立即变得懒散，无所事事，这种现状和事实很可怕，而且会传染和蔓延，使大家产生惰性，甚至有顾客进店了都还爱答不理的呢！

3. 提高店里工作人员的财气

有顾客进店，就有成交的机会，成交了就自然有提成可以拿。业绩越好，大家的收入越高，何乐而不为呢？

唯有当顾客进入我们的店铺，并且将注意力放在我们的产品或服务上的时候，我们才能够真正有效地开始销售过程。

如何截留

1. 一切管理以目标为标准：门店销售人员一天截流两波，店长截流四波。

2. 截留以波为单位，而不是以小时计算。

3. 要想达标，每天增加 7 人（截流目标）的进店人数。

4. 截流技术重不重要，重要的有两点：

截留的勇气——你问怎么截流时，你其实是没有勇气截流；

坚持——截留不是一天两天的事，而是一项持续的工作。

销售过程开始就是吸引顾客来到我们的门店，大量的实践证明，最常用、最有效的截留方法如下：

门店销售人员的截留方法参考	
门头截留	从 N 年前的背胶画、灯箱，到之后的水晶字、吸塑字，到最近流行起来的 LED 发光字门头，所有行业都在门头上下功夫。要门头的竞争一直处于白热化状态，所有品牌公司的人都明白：树品牌、做销量，要从门头竞争开始。打个比方，内衣店铺的门面也是一个品牌的门面，最主要是要能清晰地表现出品牌的名称和标志，要醒目、简洁、大气，并且能表达出品牌的文化理念。同时，在色彩和装潢上要能与旁边的店铺有明显的区别，如高亮度的色彩会吸引路人的注目。同时通过店面建筑的语言，体现出品牌的某种特性，是使品牌深入人心的重要途径。由于内衣行业的发展，品牌专卖店的生存压力越

（续表）

门店销售人员的截留方法参考	
门头截留	来越大，一般来说，一个 50 平方米的店铺经常都有 3 ~ 5 个品牌的组合，因此抢占门头就成了第一要素。 对内衣来说，视觉营销是很重要的，尤其在晚上，当凌晨 1 点的时候，整条商业街的门店都关门熄灯了，而某个店铺的某个品牌的门头却依然闪烁着，而一些夜归的人们一抬头就被那闪亮的灯光吸引了，那么，截留也就变得容易了。
横幅截留	根据店铺门口的开阔程度来悬挂不同内容和字数的横幅，目的是在截留时，吸引路过的消费者进店。经常用到的有（举例仅供参考）： 1.× × 品牌荣获中国驰名商标称号。 2.× × 品牌迎三八节买 100 送 38。 3. 新店开张，优惠多多。 4. 三周年店庆，百万大酬宾。 同样，如果是写着“进店有礼，购买抽奖，欢迎惠顾”等横幅，也让人一看就清楚，所以很多闲逛的人都是冲着这个招牌进去的，反正有礼品拿，就进去看看，不看白不看；门店销售人员们邀请自己的亲戚朋友前去捧场，凡去店里参观的，都有小礼物赠送，效果很好。
橱窗广告截留	消费者在进入商店之前，都会有意无意地浏览橱窗和广告画，所以，橱窗的设计与宣传对截留效果有重要影响。 橱窗的设计，首先要突出产品的特性，同时又能使橱窗布置和产品介绍符合消费者的一般心理行为，即让消费者看后有美感、舒适感，对产品有好感和向往心情。好的橱窗布置既可起到介绍产品、指导消费、促进销售的作用，又可成为商店门前吸引过往行人的艺术佳作。

综合各类技法，以实现快速截留的目的，第一时间传达设计理念、抓住顾客、展示独一无二的品位，是每位陈列师的迫切渴求，设计师可以通过丰富的手绘设计语言打破自己和顾客之间的沟通隔阂，让顾客更清晰地了解自己的设计构想。以手绘的线条带动视觉，是赢得商业机会的快捷方式。

第6节　面对顾客拥有强烈的目标感

问题1. 一个顾客进店，你是否有能力判断他的购买能力？

问题2. 门店销售人员如何识别信号、促成交易？

很多门店销售人员戴着有色眼镜，去判断顾客会买和不会买，或者说他们没有一个明确的目标和标准，来判断顾客买还是不买，也没有标准判断什么样的人会多买，什么样的人会买高价。

现实是，人往往害怕做出错误的决定。因此，许多顾客即使对产品十分满意，也会再三考虑是否购买。

“再考虑考虑”对于门店销售极具杀伤力。如果顾客没有及时得到门店销售人员的建议而离开门店，他们的购买欲望将大大降低，很少会再入门店购买产品。因此，我们在面对顾客，尤其是面对犹豫不定的顾客时，要有强烈的目标感，大胆建议，帮助顾客做出购买决定。

如同去医院看病，人们总期待经验丰富的大夫提出治疗方案。同样，顾客做购买决定时，也希望听取销售专家——你的意见。那些看起来很专业的门店销售人员的意见往往在成交中起决定作用。

以顾客为目标，大胆建议

门店销售人员没有主动提出购买的原因很多，但最为常见的是门店销售人员自身的错误观念和心理因素。这些错误想法往往阻碍了门店销售人员主动、热情地交易。

门店销售人员的错误想法	
让顾客自便	认为只要能很好地推介产品并处理好异议，想买的，自然会买，不想买的，说再多也没用。
害怕	害怕主动建议会使顾客反感或产生抵触心理。
担心被顾客拒绝	这是对门店销售人员自尊心与自信心的最大打击。因此，许多门店销售人员明知主动提出购买建议十分必要，但仍不愿主动邀请顾客达成交易，因为不建议购买就不会遭受拒绝。
担心不完美	自己的产品并不完美，顾客日后发现怎么办？“又不是我让你买的”可能是最安全的借口。

以成交为目标，克服障碍

门店销售人员在面对顾客时，一定要明白对方的心理与期待，克服自己的心理障碍，大胆促使交易达成。

1. 识别信号

门店销售人员建议顾客购买产品时要选择合适的时机。顾客如果对产品满意，就会发出相应的信号，门店销售人员要能够识别顾客的购买信号，及时促成交易。

在大多数情况下，购买信号是突然出现的。因此，门店销售人员要保持高度的警觉性。

门店销售人员如何识别信号		
类型	信号指向	表现
口头信号	了解售后服务	“你们的售后如何？”
	关注细节问题	“你们的产品保修几年？”
	讨价还价	询问费用、价格、优惠程度、付款方式、送货时间等。
	表示兴趣	反问、异议或批评、抱怨，征求同伴意见。
表情信号	若有所思	嘴唇抿紧，盯着产品，做思考状。
	表情自然、亲切	表情由冷漠、怀疑、深沉变得自然、随和、亲切。
	眼神开始兴奋	眼睛开始发亮，神采奕奕，明快轻松。
身体信号	点头认可	微笑着点头表示赞同。
	仔细观察产品	触摸产品，全神贯注地研究功能、说明书等。
	恋恋不舍	反复观察，即使同伴催促也不愿放下产品离开。
	表示友好	距离靠近，如朋友般健谈等。

2. 促进成交

门店销售人员促成交易的技巧很多，但无论采用哪一种，目的只有一个，那就是成功地让顾客购买产品。

门店销售人员促进成交的方法	
直接建议法	当感到顾客基本满意时，门店销售人员应积极、主动地直接建议顾客购买，简述购买的好处。如：“我建议您就买这款衣服。您的皮肤很白净，这款黑色上衣正好能衬出您的干净肤色，而且它略微收腰的样式使您身材更显得苗条了。” 直接建议法简单明了，在某些场合十分有效。如果顾客非常认同你的产品和你的专业服务形象，直接促成购买决定就是最恰当的方法。

（续表）

门店销售人员促进成交的方法	
选择 （二选一）法	二选一法是最简单的方法，即门店销售人员可以给出顾客两种选择，让顾客决定选择 A 还是 B，促使顾客从 A 或 B 中做出购买决定。比如：您是要黑色手机还是红色手机？您是要这件灰色的外套还是黑色的？ 二选一法以顾客购买为前提，直接询问顾客所需要的品种或数量，这样顾客就不会将考虑的重点放在是否需要购买上，从而易于促成交易。
假设成交法	假定顾客已经决定购买，直接让顾客确认一些细节问题，营造促使顾客做出购买决定的气氛。如：您是用现金支付吗？我们什么时候安排工人前去安装空调比较合适？您要的赠品是电脑包还是 100 元的充值卡？ 由细节入手促成购买决定的方法，特别适用于那些决策能力低、依赖性强、乐于合作的随和型顾客。

第四章

驾驭顾客思维，掌握成交逻辑

——门店连单销售的六大成交思维

【门店解码】门店连单销售管理现状

在某次培训课上，我向学员分享了“温水煮青蛙”的故事。这是美国康奈尔大学做过的一次有名的实验。该实验的整个过程是：实验者经过精心策划安排，把一只青蛙冷不防丢进煮沸的油锅里，这只反应灵敏的青蛙在千钧一发的生死关头，用尽全力跃出了那势必使它葬身的滚滚油锅，跳到地面安然逃生。隔了半小时，他们使用一个同样大小的铁锅，这一回在锅里放满冷水，然后把那只死里逃生的青蛙放在锅里。这只青蛙在水里不时地来回游动。接着，实验人员偷偷在锅底下用炭火慢慢加热。青蛙不知究竟，仍然在微温的水中享受“温暖”，等它开始意识到锅中的水温已经使它熬受不住，必须奋力跳出才能活命时，一切为时太晚。它欲试乏力，全身瘫痪，呆呆地躺在水里，终致葬身在铁锅里。

温水里的青蛙，正如我国门店连单销售管理现状。

然而，对于门店销售人员来说，是否懂得在不经意间给顾客连单销售的意义呢，是否理解连单销售现状就像温水煮青蛙，看似无意，实际有心？

本章阐述的六大成交思维有助于门店管理者改善门店连单现状，驾驭顾客思维，掌握成交逻辑。

改善现状的表现	
为顾客增值	连单销售的目的不单单是为了提升我们的客单价和业绩，门店销售人员在销售服务过程中，开展连单销售是为了给客人更大的增值和好处，使满心欢喜的是满载而归的顾客，而不是幸灾乐祸的门店销售人员。试想想，如果我们在购物过程中，听门店销售人员的话多买的时候，经常看到对方脸上立刻乐开了花，那我们的心里肯定会很不是滋味。
正面及支持性建议	更漂亮、协调搭配、方便换洗、更多实惠等，综合来说，连单销售就是鼓励。
轻描淡写地建议观察客人的反应	在我们对于某种境况下的顾客进行连单销售没有把握的时候，可以轻描淡写地试探一下。前文说过，没有需求就当聊天，或者说是磨磨“连单销售”这把刀。
不是在硬销	“导购”两个字，分开来看，“导”是引导，“购”是购买，合起来就是引导顾客购买，连单销售就是通过以上的建议、鼓励来引导顾客享受更多的服务，顾客一旦感受到有强迫的意味，怕是会适得其反。
一口吃不成胖子	俗话说：得寸进尺。连单销售是建立在得寸的基础上，然后采取的行动。在销售初期，顾客还没有明确购买单件的情况下，进行连单销售和多买的鼓励反而容易引起他的警觉与反感，可能使其连本来想买的那件也不买了，得不偿失，所以我们切记不要引起顾客购买的逆反心理。

第1节 知己知彼，最快速度熟悉目标

问题1. 如何才能清楚自己的角色，做到知己?

问题2. 怎样给“顾问式销售”定位，做到知彼?

“姜太公钓鱼，愿者上钩”——在门店销售中往往也存在这样的现象：那些看起来活跃而主动的门店销售人员，他们花在路上和拜访顾客的时间要比一般业务员多得多，但效果并不一定显著。反过来，那些看似气定神闲的门店销售人员，由于他们的功夫已经做到位，所以即使不需要一味扮“主动”，也一样能够获得良好的业绩成效。

这样明显的事实背后，掩盖着不争的规律：只有知己知彼，熟悉目标，才能谋而后动，运筹帷幄之中。盲目地扮演“主动者”，实际上丢失的是你思考的时间和妥善的方法，结果只能不断地犯错，并降低自己的工作效率。

知己——清楚自己的角色

那么门店销售人员应在门店销售与服务过程中扮演什么样的角色呢?

1. 是“演员”吗

有一部分门店销售人员错误地认为“销售商品就如同一出戏，宣传包装是道具，演员就是销售员，卖不卖座看演技”。于是我们会看到很多有经验的门店销售人员总是津津乐道：如何识别目标人群，如何把握顾客心态，如何激发顾客购买冲动等。而很少听说门店销售人员关注如何强化团队配合，如何寻求展现门店魅力的服务方式，如何挖掘和研究顾客需求和感受。当然，出现这种现象的原因也不仅仅在于门店销售人员本身，也与现在大多数门店的考核机制息息相关。目前很大一部分门店对门店销售人员的业绩考核是通过单位时间内的销售额计算的，门店销售人员的收入也来自销售额累加。这种重绩效、轻顾客培养的方式，反映到门店销售中，就会表现为急功近利的行为。

2. 是解说员吗

目前有很多门店强调用产品打动顾客，让产品诉说需求。门店销售人员的角色就是解说员，即在顾客对商品及相关服务提出问题时，门店销售人员如实加以解释。与前面那种可以随意发挥的销售方式相比，这种重视商品与顾客关系的服务，可以说是一种进步。但这种缩短顾客与商品距离的做法是否可行，要看商品本身是否具备无可争议的市场竞争力。很多“德国造”的产品售中服务很一般，很多产品甚至没有售后服务。对一些不了解“德国造”内涵的国人来说，买这类产品会有点不踏实。但德国人有这份自信，他们用过硬的产品向全世界表明，这就是他们的服务。

但市场上的商品是否都能用如此品质的产品来感动顾客？在未来的 5 ~ 10 年也许会是高品质产品充满整个市场，但目前尚不可能。因此，那些看上去很“酷”的服务方式似乎又将门店销售带入了另一误区。

<table>
<tr><th colspan="3">最重要的两个角色</th></tr>
<tr><td rowspan="2">角色一：专家</td><td rowspan="2">专家形象是门店销售人员的基本职业素养，也是促使销售顺利进行的重要条件。与一个普通门店销售人员相比，一个知识全面、训练有素的专家级门店销售人员留给顾客的印象截然不同：对产品卖点的准确把握、对专业术语的娴熟驾驭，都足以让顾客瞬间认定你就是他们要找的人。</td><td>良好的知识背景：顾客在选购产品时，通常会关注五个方面：产品的功能是否齐备，性能是否优良，产品的价格是否合理，该产品在同类产品中的优势与地位，相关的售后服务。因此，门店销售人员必须全面熟悉自己产品的相关信息，努力挖掘产品的卖点，用最简单明了的语言，说出产品最重要的特点。同时做到知己知彼，向顾客有针对性地进行介绍，提供专家式的销售服务，从而提高销售的成功率。</td></tr>
<tr><td>运用专业词语：随着产品不断增加的科技含量，产品介绍所包含的专业术语也不断增多，普通顾客很难掌握这些专业术语，因此就需要门店销售人员能够帮助顾客了解这些专业术语。这不仅能在顾客面前迅速树立销售专家的形象，也有助于顾客深入了解产品，促进销售的成功。</td></tr>
<tr><td rowspan="4">角色二：顾问</td><td rowspan="4">顾问角色是指门店销售人员以专业的销售技巧介绍产品的同时，还要关注、了解顾客的真实需求，进而提出积极的建议。门店销售人员认为：顾客是朋友，是与销售者有着共同利益的群体；好产品是顾客真正需要的产品，服务本身就是产品的一部分，服务是为了与顾客沟通，达成销售。</td><td>全面了解你服务的目标顾客群，熟知他们的实际需求。</td></tr>
<tr><td>具备丰富的产品知识，了解生活常识、行业动态等相关信息，并能说明在日常生活中使用产品时的具体注意事项。</td></tr>
<tr><td>不再以“把产品卖出”为目的，而是以“追求长期利益”为目标，力求“卖给顾客真正需要、真正适合的产品”。</td></tr>
<tr><td>门店销售人员不再是“一次性买卖”的单纯的销售者，而是定位于顾客的专家顾问、服务者和长期朋友三个主要角色上。</td></tr>
</table>

此外，门店销售人员还兼具以下（次要）“角色”。

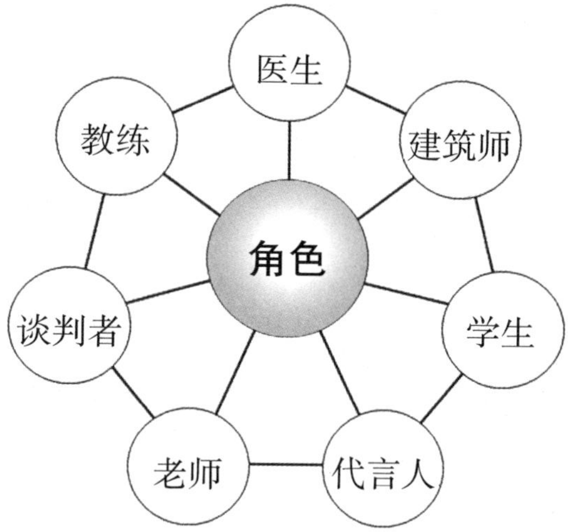

1. 形象代言人

在市场竞争日益激烈的情况下，门店销售不仅要将服务注入到商品中，更要将服务通过各种途径传达给目标顾客。从某种角度上讲，门店销售无技巧。说白了，就在服务水平和态度的把握上。“万事从心做起”是门店销售培训的“基本动作”，这就要求门店销售人员对待每一位造访者都要有发自内心的真诚。在服务过程中，服务人员的专业知识程度是门店销售成败的重要环节。门店销售人员的专业素质可以使他掌握一定的应变能力，但这并不是说他具备了解决所有问题的能力，因此，门店的销售应注重集体配合而非上演独角戏。每个人都应向顾客展现出能体现门店特色的最佳形象和服务。不仅如此，门店销售人员的外观形象也应被充分借用，以展现门店形象。比如门店以休闲、健康为主，那么，门店销售人员的形象及其装束就应展现出这一特征。负责接待的门店销售人员一定是形象健康、音色甜美的人，负责处理顾客投诉的人则一定要是成熟、自信、专业水准高、思辨力强且相貌可人的人。

2. 学生

在商店繁多、竞争日益激烈的市场上，顾客对某一商品买还是不买，是由人们的心理动机决定的。分析顾客的购买心理，对门店经营者发现市场机会、采取相应措施促成交易，有重要意义。认真研究顾客的购买心理，是做好买卖的重要条件。在经营过程中，经营者要细心观察研究顾客的购买心理，针对不同的心理类型，采取不同的措施，做好服务工作，使顾客高兴而来、满意而归。这样就会把门店的生意做活、做好。

在接触顾客时，要有怎样的语调和步骤？怎样做开场白？怎样瞬间在顾客的心目中产生良好的印象？这些都是门店销售人员需要了解的要领。在与顾客交流的过程中，要了解顾客提问的主要根据和信息来源，无论是对顾客购买心理的研究还是接触顾客方式与技巧运用，都需要门店销售人员在门店服务的过程中不断地学习和总结。从这个角度上讲，门店销售人员是不断学习的学生。

3. 医生

门店目标顾客对门店整体服务品质拥有特别的品位和要求，在发生顾客因服务不周而大肆咆哮的事件后，作为门店销售人员应该痛定思痛，设置“处理客户抱怨项目小组”，对每一起客诉都加以关心，及时将处理结果反馈给顾客，避免顾客有被冷落的不满情绪。任何消费者都不愿见到自己的声音遭到冷漠的搁置。顾客抱怨的事后处理是一个关键的步骤，对于门店销售人员是至关重要的一项任务。在顾客产生抱怨之前，我们能否及时发现顾客的不满情绪呢？鼓励顾客主动反映公司服务的真实状况，这也就相当于医生的诊断功能。在及时发现了门店顾客的不满情绪后，采取措施进行处理，这就相当于开出诊断的药方。所以在处理顾客抱怨的过程当中，门店销售人员承担了“医生”的角色。

4. 建筑师

门店销售人员作为门店经营的一线人员，直接与顾客接触，第一时间发现顾客需求。因此，门店销售人员在制订门店销售计划时，是直接参与者与最终的检验者。在日常的服务过程中，不断调整自身的服务策略，大胆进行创意，最大可能地满足顾客的需求。在这个层面上，门店销售人员就承担起了整个门店的建筑师的责任。

随着顾客收入、购买力水平和消费同步提高，消费需求向高级阶段发展。人们的消费需求、消费观念在发生变化。从感情消费（所谓感情消费是指消费者对商品的要求不满足于达到规定的质量标准，而是要求满足个人的需求与期望）逐渐转变为差别消费，门店销售人员分别对不同的顾客提供差异化服务。如同建筑师根据建筑工地面积大小、开发商的理念和喜好对建筑物进行总体规划和设计。

5. 教练

在顾客购买的过程当中，往往要与其他同类商品做比较。因此，门店销售人员了解竞争对手，分析竞争对手，找出自身的优势，在顾客两难的时候，对顾客进行有利、有理、有节的分析工作，帮助顾客做出最后的选择。这就如同教练员对待运动员一样，指出运动员缺陷，提出改进的方法，采用一定的战略战术，在竞争中取得优胜。

6. 谈判者

门店销售在某种程度上讲，就是门店销售人员与顾客谈判的过程。有人要问："门店销售也需要谈判？"是的，不仅需要，而且是必须要。门店服务人员费尽口舌，使出销售绝活，最终目的是为了成交。销售过程若宾主尽欢，顾客有可能直接进入交易，谈判不一定会发生。但是在销售过程中，业务人员与顾客在交易条件上，有时会发生分歧，虽然顾客购买欲望仍在，却无法与业务人员达成"共识"，业务人员绞尽脑汁想达成交易。此时，销售谈判就扮演着"临门一脚"的关键角色。到底什么时候该进入谈判？谈判又有什么步骤与技巧？作为门店销售服务的谈判者，门店销售人员必须熟练掌握谈判工具，在实际谈判中有效达到双赢的结果，与顾客建立牢固的关系。

7. 老师

每一位顾客都独一无二，包括性格、偏好、家庭背景、财力状况……或许有相似之处，但是不代表他们都能共享一套放之四海而皆准的说辞。而且没有任何人愿意在不甘心或被问得哑口无言的情况下，接受自己不想接受的东西，这次或许不得已而接受，但是过了这次就不会再有下一次了。因此，倘若哪一天当顾客无法接受你的建议时，不妨先了解顾客拒绝背后的真正原因，再来调整建议的方式与方向。

知彼——顾问式销售

所谓顾问式销售，就是指门店销售人员以专业销售技巧进行产品介绍的同时，关注、了解顾客的真实需求，并挖掘顾客的潜在需求，进而提出积极建议的销售方法。如同医生看病一样，不仅要为患者确诊后开出药方，做到药到病除，还要提出保健、预防的建议和办法。这样的医生自然会得到病人的爱戴。

1. “销售专业的自己”

这是门店顾问式销售的核心。一个门店销售人员的表现越专业，就越能赢得顾客的尊重和信赖，并能与顾客建立长期的朋友关系。

2. 避免欺骗

顾问式销售最应避免的是对顾客的欺骗。要知道，没有任何一个产品是十全十美的，面对顾客的质疑，门店销售人员应坦白承认产品的不足，并且根据自己所掌握的专业及行业知识，为其找到相应的解决方案，帮助其消除疑虑。

3. 顾客即朋友

顾问式销售认为，顾客是朋友，是与销售者存在共同利益的群体；好产品是顾客真正需要的产品；服务本身就是产品。顾问式销售将门店销售人员定位在顾客的专家顾问、销售者和长期朋友三个主要角色上。

顾问式销售的定位	
专家顾问	专家顾问意味着门店销售人员必须全面了解相关的产品知识和专业销售技巧，在销售过程中回答并解决顾客提出的各种疑难问题，成为顾客的好顾问、好参谋和好帮手。
销售者	门店销售要求门店销售人员必须做到售出的产品是最合适、最能满足顾客需求的，也是最能赢得顾客信任和好感的。
长期朋友	门店销售人员视顾客为可以长期合作、利益共享、不断开发的资源，而非一次性买卖的对象。门店销售人员为顾客做贴心的小事，往往会超出顾客的期望，感动顾客，建立超越产品和价格的友情。这就是门店销售人员销售自己的最成功表现。

第2节　整理资料，建立顾客数据中心

问题1. 建立数据中心对门店有什么好处？

问题2. 如何建立门店的数据中心系统？

对于大多数门店销售人员而言，就算你是一流的演说家，也要对不同类型的顾客说不同的话。一个行之有效的办法是及时整理资料，给自己建立一个数据中心。

在某次培训中，我提到了建立顾客数据中心的事情，学员们都非常认真地记录了下来，三个月后，当再次说到数据中心问题的时候，学员王含光讲述了他的经历：

听完我的课程回去后，他就为每个顾客建立了数据中心，其中包括对方的所有基本资料，很多时候他就是当着顾客的面填写这些，反而对方觉得王含光的工作非常负责。一次，某位顾客买完了东西准备离开，王含光拿出了资料卡，在询问了对方的基本情况后，将资料全部填写完成。顾客不禁问道："你们这里还有资料卡呀。"王含光说："您对于我们来说，是独一无二的贵宾，您的资料将进入档案，便于我们以后更好地为您服务。"

慢慢地，数据中心的建立，让王含光体会到了其中的益处，不仅让他熟知每个顾客的基本资料，还帮助他与顾客建立了较为稳固的关系。每当遇到某些顾客生日的时候，王含光便会送去电话祝福。他还会定期做电话回访。当顾客再次来到王含光的柜台前时，他会很自然地将话题引入对方感兴趣的内容……这一系列做法，都让顾客觉得自己是被尊敬的贵宾，固定顾客也越来越多。

当王含光说完这段话的时候，在场的学员都对此表示了赞同，大家觉得数据中心非常有用，不仅能够让顾客有被尊重的感觉，还便于销售员将他们发展成为固定顾客。顾问式销售当中，应该为顾客建立数据中心，这相当于将对方的资料进行归集整理，当再次用到的时候，便可以很轻松地运用自如。

我对学员们说，在建立数据库的同时，应该分清楚哪些顾客是要继续跟进的、哪些顾客可以暂缓跟进，还有哪些顾客得放弃跟进，这样就能够分清销售工作中的轻重缓急，是非常有效的。

作为门店销售人员，应该将建立数据中心体系作为工作中的重要环节，在市场竞争日益激烈的今天，我们都希望发展更多固定顾客，所以在跟进环节中，有各自的办法，然而，建立数据中心，可以帮助你更好地做到这一点。

建立数据中心的方法	
让你的数据中心形成体系	当某位顾客来到你的门店里，你若能够这样接待他的话，则会产生非常好的效果："先生，您好，上次在这里买的 ×× 您还满意吧？"此时，对方一定会被你吸引，因为你还记得他在这里买过 ××；接着你可以和他聊聊他喜欢的运动，例如："您最近是不是常常去打球，身材保持得非常好"等等，这不仅能够让对方感觉到他是被关注的，还让对手听到了赞美声，对于顾客来说，这无疑为他营造了一份好心情，让对方在感动中产生购买欲。 可见，数据中心的意义是很深远的，所以应该尽快建立起来，留住顾客，赢得他们的心。

（续表）

建立数据中心的方法	
让数据中心为你服务	既然已经建立了数据中心，就应该让数据中心为你服务，在销售的过程中，你必须将自己定位为“演说家”，这样的话，才能将顾客资料运用自如。例如：你去拜访某位顾客，可以事先做好“功课”，对方有哪些爱好，又对哪些事物比较“过敏”，这样一来，在谈话中便可以尽量往好的方向“走”。 门店销售过程中，要让自己有“演说家的范儿”，如果你能够在谈话中穿插一些顾客基本资料，会让对方有“被尊重”的感觉，也能体现出你的专业性。
数据中心也要分种类	在建立顾客资料的时候，并不是每一名顾客都必须“跟进”，这需要你根据实际情况区分，某些顾客因为在这里出差或是旅行，对于他们，便可以列入“放弃跟进”的栏目中，某些顾客一次性买了很多东西，可能暂时不会有需要，那么可以将他们放进“暂缓跟进”的栏目中。此外，如果某些顾客常常来这里买东西，并且每次购买量不是很多，却非常愿意和你沟通的话，则可以将他们列入“需要及时跟进”的栏目里。这种分类，是非常有效的，不仅能够将顾客规划为几类，有助于提高工作效率，还能够帮助你有针对性地与顾客沟通，以达到跟进的目的。

第3节　互联思维，微信/截留有效应用

问题1. 什么是现代社会的互联思维?

问题2. 微信给我们带来了什么?

随着现代社会的不断发展，人们的沟通方式正在走上日新月异的变化历程，曾经旧有的一些沟通方式被不断淘汰，而新的沟通方式则如雨后春笋一样层出不穷。如互联网沟通、微信沟通。

如今，你的潮爸潮妈已经在玩微博，有微信了。消费，更成为自由选择、个人追求的一种表达。出于对个人空间的警惕性保护，越来越多的人抗拒铺天盖地的广告、商品，对于很多电话营销和短信骚扰更是烦不胜烦。他们越来越不甘心企业填鸭式的广告输入，即我们自作主张、自作聪明为他们提供的产品或服务。在互联网思维高度开放的今天，人们急于捍卫个人权利、个人表达、个人空间，也热衷于徜徉于各个网络圈子，他们在圈子里表达主张，寻求他人关注，并进行互助。社群力量不容小觑，他们可能是某个品牌的发烧友，如小米发烧友。

互联思维不是任何人的专利

1. 互联即互联网

互联网思维蕴含了大量的商业常识，如注重口碑、用户体验、创新……其历史源远流长。事实上，互联网思维并未齐刷刷切断与过往商业的联系，它牢牢地站在商业历史的肩上，保留或者进一步强化了商业精髓。互联网节约了产品到达用户的时间，却也提供给用户更多放弃的机会。互联网时代物质极大丰富，提供给用户更多选择，也让他们对产品更加挑剔。

2. 互联网思维的“新鲜血液”

（1）从企业提供满足用户功能需求的过硬产品，到用户参与到企业的价值链；（2）为满足用户相对分散的个性化需求，企业创新的速度更快；（3）自发传播的组织，会迅速形成口碑效应，锁定目标消费群体，比硬广告更聚焦，也更有杀伤力；（4）小而美的企业可能比大而全的企业速度更快，能更全面释放员工价值，激发员工创新与活力。

3. 微信崛起

人们之间的沟通方式，从面对面的接触到固定电话，再从固定电话到移动电话，从移动电话到微信。伴随这条发展链条的，是消费模式和营销模式的不断发明创新和被取代，这个不断发展的阶梯一方面体现出科技的进步，说明人们的消费理念在伴随沟通方式不断地更新进步；而另一方面，也给门店销售人员带来了深刻的启发和思考机会：面对不断变化的沟通和消费模式，微信能够给我们带来什么？

事实上，微信起码有如下优势：

微信给我们带来了什么	
便捷、实惠	无论是固话、移动电话还是短信，作为沟通的一种工具和服务，都需要用户付费。在这种情况下，如果用户还需要花费金钱来获取产品和品牌的信息，自然会产生抵触心情。而退一步思考，即使用户只是花费时间来接听电话、收取短信，也往往会对他们正常的生活、工作造成困扰——尤其是在时间已经被视为一种生活成本的今天。 与之相比，微信则能既不需要用户手握听筒，也不需要用户费力阅读，就能在最短时间内将产品的信息通过多种手段传递到用户面前。更为重要的是，微信让用户为此而花费的金钱大大减少。 我们可以这样计算：如果顾客对产品发生兴趣，或想同门店取得联系，那么，打一个电话需要花费他们起码数角钱，而发一个短信则需要一角钱，但通过微信来联系我们，则其花费的成本几乎可以忽略不计。同理，若是我们给顾客发送微信消息，如果按 10 元包月流量 100M 计算，那么，一条文字的微信价格仅仅在 0.00 035 ~ 0.00 047 元之间，这样的成本自然是用户愿意采取的沟通和消费方式，也为微信给我们的销售方式带来革新提供了重要的基础条件。
个性化需要	即使去除现实的考虑，微信依然能够比传统的沟通方式和营销方式更容易获得顾客的喜爱。 在传统推销方式中，具体门店销售人员无从去了解每个顾客的个性、爱好、消费关注点等等，因此，只能通过明确的交谈和互动，加上自身丰富的销售经验，获取顾客的相关信息和需要。而在以微信为平台的营销过程中，由于作为一种社交平台和信息获取工具的微信本身已经将顾客的很多信息体现并加以集中，因此，门店的销售人员往往能够得到更多的支持信息和便利条件。另外，通过微信平台向潜在顾客传递的相关信息也更加适应顾客的特点，能够更加尊重他们的实际需要，起到高效、亲和的沟通作用。
情感的支点	必须承认，纯粹的“经济理性人”实际上只存在于书本上，人类都是有情感的，情感作为一种心理上的状态，和潜在顾客的沟通和消费过程密不可分。可以说，消费始终伴随着情感的介入而存在，而营销手段如果不能激发起顾客的情感，就无从让产品和消费者之间产生必要的情感联系，从而唤起他们的购买欲望。 其实，情感本身是无法脱离沟通的，更受到沟通技术手段的限制，情感的沟通方式包含了口头、书面和电子形式的沟通，分别对应着口头文化、书写印刷文化和电子文化，而根据这些文化又能将沟通形式分为双向近距离沟通、双向远距离沟通、单向近距离沟通、单向远距离沟通的形式。 利用好以上所述的这些沟通形式，能够给予顾客充分的情感支持，从而让他们获得情感和心理上的重要依赖。但是，由于技术的发达和现实的需要，口头的双向沟通范围正在缩小，这也决定了营销方式更多地趋向于利用高科技作为主导的远距离沟通形式，因此，在电视营销、电话营销等形式中，我们看到，产品和品牌

（续表）

微信给我们带来了什么	
情感的支点	的推广总是想要获得消费者的充分情感，并引起两者之间的沟通。但在这个方面，微信有着天然的优势。 由于微信具备社交功能，可以用来充分地聊天互动，同时也代表了一种彼此之间的承认和信任，因此，微信的出现让门店不仅获得了远距离沟通的便利，也具有了能够包含情感的销售方式的特点，这种充满情感交流的工具显然可以弥补传统沟通技术的不足。

综上所述，互联思维和技术引导着我们的沟通方式，而每一种新出现的沟通方式，几乎都要对整个门店行业带来明显的改变。因此，当微信带着新鲜的生命力走进门店和消费者的身边时，我们将发现，微信改变的不仅仅是顾客的数量，更带来了无形的质的变化。

第4节　正确看待，分内分外事要分清

问题1. 对于门店销售人员而言，什么是分内事，什么是分外事？

问题2. 如何把握好主动的尺度，做好分内事？

分清分内分外事，简单来说，就是在门店销售过程中，该行动时行动，该主动时主动。而不是等到顾客主动找上门，你才主动为其服务，更不是在顾客根本不需要你服务的时候白忙一场。

真正分清分内分外事

首先应该是建立在充分思考上的，没有经过大脑思考的行动，就不能产生相应行动上的结果。即使态度端正，恐怕走的路依然是缘木求鱼、南辕北辙。相反，当我们分清分内分外事、学会预先谋划好，再尝试从自己立场出发控制事情的局面，这样的措施才是得力的，而策略的落实点也经常能够产生积极的反馈，更好地指引销售的方向。

不妨学着在适当的时候暂时“停止”你的实际销售行动，与此同时，学会让你的思维和计划运转起来，以了解对方和自己重要的阶段工作目标。当这种“形而上”的主动付出积累到一定程度时，实际工作效率也会得到提高。

举个例子，乐器展上，某厂的销售员程亮接待了一位来自W省的琴行老板L经理，对方问询了产品的价格和技术指标，表示很感兴趣，然后留下了自己的名片。

展览会结束以后，程亮整理了一下自己搜集到的顾客资料，他看到L的名片，并没有马上主动去联系他。而是先拨通了W省朋友的电话号码。经过深入的交谈，程亮基本上摸清楚了L经理琴行的价格定位模式、消费主体、现有的品牌组成特点等。根据这些特点，程亮从自己的产品中挑选出了感觉对方应该会接受的产品组合，并仔细地准备好了相应的资料。

做这些准备花了程亮两三天时间，不过，当他带上这些材料来到L经理琴行的时候，对方在他的宣传和介绍下很快就接受了产品购买计划，并爽快地表示尽快签单，完成购买。

虽然对方主动示好，不过，程亮并没有急于开始销售，而是经过自己事先精心的准备，在条件成熟之后，一击即中。

在思维和计划上主动，做自己该做的事，才是最有效的成交之道。

如何把握好主动的尺度，做好分内事	
前期准备	同其他领域的工作一样，门店销售人员应该真正弄清楚“磨刀不误砍柴工”中所富含的智慧。体现在门店销售工作中，在接触顾客的阶段具体展开之前，你应该正确看待前期的准备工作，而不是盲目地开始行动。自以为动作迅速的门店销售人员，常常是只能在表面上占据优势，实则做了许多无用功。
了解顾客	不知道顾客的情况，以接触为了解的开始，那么，顾客就无法认同你的产品。门店销售人员真正对顾客的了解应该是提前的、早于实际接触的，这样的了解才有意义。我们不能满足于表面上的一知半解，甚至直接用推论代替现实去取代顾客的真正情况，这样做的结果将使得你的销售工作充满更多不可控的因素。
发现产品特质	在向顾客展示产品之前，了解产品的特质也是你的分内之事。如果没有做到这一点，那么，你当然也不应该奢求顾客能够发现产品的优点。 在展示产品之前，不妨自己先对产品进行研究和发掘，从中找到足以吸引顾客的成分，由此才能进一步更明确地向顾客展示。

第5节　投其所好，探寻顾客真实需求

问题1. 如何投其所好，找到顾客的真实需求？

问题2. 如何问才能不引起顾客反感？

林小姐去逛电子市场，路过笔记本电脑专卖店时，守在门口的促销员马上走了过来。

促销员："小姐，过来看看吧！我们这里是××笔记本电脑专卖店，今天有几款电脑搞促销，要不我拿样机给你看看？"

林小姐："××笔记本？"

促销员："对，××笔记本，你也知道××是国内知名品牌，而且售后服务也好，性能质量方面你可以绝对放心。我们店是××的专卖店，已经做××的品牌5年多了，信誉绝对有保证……"

林小姐有些不耐烦，可还是耐着性子说"可我对笔记本……"话还未完，促销员就打断了她："小姐，进来看看吧，这么好的产品千万不要错过。如果你买，现在还能赠送2.0小音箱……"

林小姐终于忍无可忍，愤怒地说："我是来买上网卡的，不看笔记本！"

门店销售人员这种不去了解顾客真正需要什么，只是自顾自介绍产品的做法，不仅会给顾客一种不被尊重的感觉，也会被顾客认为是夸夸其谈而产生反感。

在门店销售中，门店销售人员常常一味地向顾客推介产品，却忘了观察顾客的真正需要。

有经验的门店销售人员，总能明察秋毫，准确判断顾客的购买动机，发现顾客的真正需求，然后提供最合适的产品解决方案。他们不会将时间浪费在顾客不需要的信息上，而是有的放矢、投其所好。

如何投其所好	
望——观察细节	善于观察细节是门店销售人员的重要素质之一。在门店销售中，门店销售人员应学会通过观察顾客的表情、手势、语言、饰物等细节，了解顾客的性格、期望价格、款式喜好等。 例如： 1. 观察衣着打扮。 观察顾客的外表并不是为了让门店销售人员以貌取人，而是为了判断顾客可能接受的产品价格。 2. 观察顾客在其他品牌柜台的表现。 有些顾客在购买之前会“货比三家”，看看其他品牌产品的价位和功能。当他们从一个柜台转到另一个柜台时，门店销售人员应该观察他们在其他柜台的表现。 3. 观察视线。 一般人总会把视线投向他感兴趣的产品。通过观察顾客的视线，门店销售人员就能大致推断出他关注的是哪些产品。 门店销售人员应注意顾客拿着的彩页是哪些品牌的哪款产品，以便准确判定他可能感兴趣的产品型号。
闻——善于聆听	倾听比说话更重要。作为一名门店销售人员，首先要学会聆听，然后才是询问。顾客来到门店或柜台，他们所说的话一定与自己的真正目的和需求有关。门店销售人员如果能认真聆听，就可以从中掌握有价值的需求信息。 第一，不要打断顾客讲话。这既是门店销售人员基本的专业素质，也是对顾客的尊重。 第二，适时地重复顾客所说的话，既向顾客表明你在认真听，也是鼓励他继续说下去。 第三，及时给予必要的赞美和夸奖。 第四，努力记住顾客的话。若有不清楚的地方，最好有礼貌地请顾客再讲一遍。

（续表）

如何投其所好	
问——主动询问	“问”就是通过提出一系列的相关问题来获得我们所需的、有价值的顾客需求信息。因此，如何问、问什么或什么时候问，是门店销售人员需要研究并掌握的技巧。 心理学研究证明，大多数人在遇到别人提问时，会选择先回答问题再发问，但往往会在回答完后忘记自己想要问的问题，因而丧失了谈话的主控权。为了有效地掌握谈话的主控权，门店销售人员可以预先设计自己的问题表，记住所要询问的主要问题，这样就能够有效地掌握谈话主控权。
切——大胆试探	“切”就是把脉，门店销售人员要不断地去试探顾客，以便更准确地掌握顾客的需求和对产品的满意度。比如：“小姐，我认为这款最新流行的上衣很适合您的气质，您说呢？”“先生，这套功率为150W的组合音响非常适合您的大客厅，您说是吧？”

方案设计1：某手机品牌的问题表（仅供参考）	
问题设计1	您心中有没有预定的价位？
问题设计2	您喜欢简洁的风格还是新颖的风格？
问题设计3	您希望手机待机多长时间？
问题设计4	您一般喜欢什么样的款式？
问题设计5	您对手机有什么特殊的需求？
问题设计6	您最看重手机的什么方面？
设计问题时应注意： ※ 问题表的设计应根据产品不同而有所差别。 ※ 门店销售人员最好亲自设计自己的问题表，一方面找出最适合自己的，另一方面加深印象，便于应用。 ※ 应灵活变化，及时修改调整。	

方案设计 2：如何问才能不引起顾客反感（仅供参考）	
从简单的问题开始	发问时，先从简单的问题开始，比较容易切入话题。比如刚开始与顾客接触时，可以问：您以前用过我们的产品吗？请问您准备买什么价位的产品？您的客厅面积有多大？
询问顾客关心的事	顾客除了关心产品的价格、质量、功能外，更关心自己的感觉。门店销售人员通过询问顾客最关心的事，不仅可以体现对顾客的关注与尊重，还可以营造良好的购物氛围。比如：请问您的宝宝今年几岁了？请问您太太平时喜欢什么样的娱乐活动？您经常留意我们的新款产品吗？尽管顾客的兴趣爱好、服饰、孩子和配偶与我们销售的产品无关，但这些却是顾客最关心的事。如果不能“引发同感”和顾客站在一起，就有可能导致销售失败。
避免过早谈价格	在了解顾客需求阶段，门店销售人员需要多利用时间刺激顾客的购买欲望，避免过早谈论价格问题。当顾客接受并认同产品价值时，就会降低对价格的关注度。 如果顾客刚进门就询问价格，此时顾客的购买欲望并不强烈，这时候的价格谈判很少会得到成交结果。因此，在进入价格谈判阶段之前，门店销售人员需要不断地激发顾客的购买欲望，告知顾客产品的功能等购买理由与售后服务，不要随便亮出价格底牌。 如果顾客过早谈及价格话题，门店销售人员应使用语言引导顾客，继续讲解产品优点，不断刺激顾客的购买欲望。

第6节　成功连单，简单的事情重复做

问题1. 为什么说“简单的事情要重复做，重复的事情要认真做”？

问题2. 如果你多上了几小时的班，多做了一些工作，你觉得自己亏不亏?

天下没有难做的事，难的是坚持。

再难做的事情，也是由人来完成的。再复杂的事情，也可以分成许多简单的小事情来完成。如果我们每天都能坚持做一点点事情，那么，日积月累，我们总有把事情做完的时候。每天进步一点，一年就是365个进步。

简单的事情重复做，重复的事情认真做

所谓“细中见精”“小中见大”。

如果我们能抱着“复杂的事情简单化，简单的事情正确化”“简单的事情重复做，重复的事情认真做”的态度对待每一天的工作和生活，就会有意想不到的收获。

有这样一个故事。在开学的第一天，老师对他的学生说：“在今年，老师要给你们每个人留一个作业，每个人尽量把胳膊往前甩，然后再往后甩。从今天开始，每天都要做300个，大家能不能做到？”同学们都笑了，这么简单的事情怎么会做不到呢？可是一年以后，老师再次询问的时候，全班同学只有一个人做到了，这个人就是柏拉图。

甩胳膊是一件非常简单的事情，但是为什么还有那么多同学没有做到呢？

他们最初都抱着“这么简单的事情怎么会做不到呢”的心态，但事实上，他们却忽略了这个简单的事情，而柏拉图却做到了。

成功者与失败者之间的区别就在于：他们是不是认为他们所做的事情是简单的小事

东汉时期有一个名叫陈蕃的少年，独居一室而庭院龌龊不堪。有一天，他父亲的朋友薛勤来他家做客，看到了这种情况，就批评他说：“孺子何不洒扫以待宾？”他回答说：“大丈夫处世，当扫除天下，安事一屋？”薛勤当即针锋相对地反问：“一屋不扫，何以扫天下？”

在我们的生活中，有很多像“扫一室”这样简单的事情，但并不是每一个人都能把简单的事情做好、做到位。我们常常把这些简单的事情看得太容易，做的时候就会漫不经心，结果也就不会令人满意。其实，“简单”不代表不“复杂”，也并不等于“容易”。

1. 简单的小事都做不好，怎么做复杂的大事

每一个人都怀揣着一个“做大事”的梦想，都在乞求上天都够降大任于斯人也，每天都幻想着能够去做一些惊天动地的大事，从此一举成名。但是我们也会发现，大部分门店工作都是一些简单而重复的工作，那些烦琐的小事我们似乎天天都在做。于是，有人开始抱怨：“我闭着眼睛也能把这件事情做好。”事实上，他们不屑于做这些小事，不屑于认真对待这些简单的事情。殊不知，每一件大事都是由小事堆积起来的，小事都做不好，何谈做大事呢？

王子涵是某门店的后勤助理，这个助理看似每天都在“幕后”做一些简单的工作。殊不知，门店后勤却有着不为人知的繁杂和琐碎之事：人员档案管理、

员工绩效考核、合约的制定以及签署、工时统计、文件收发、办公用品管理、公务出差费用办理以及各种费用报销等。她戏称自己是个“全能杂工”。要做好这么多烦琐的打杂工作可不是一件容易的事情。

虽然没有直接参与生产工作，但是王子涵认为作为门店这个大家庭的一分子，队友在前面“冲锋陷阵”，自己要在后面给大家做好后勤保障，让大家没有任何后顾之忧地上“战场”。

因为事情太繁杂，在做事情之前必须先理清头绪，分清轻重缓急，然后再依次执行。她在工作中一直保持着平常、淡定的心态来对待每一件简单的事情，不因做过很多遍就放松了警惕。在几年的后勤助理工作中，她对自己的工作有了一个更加清晰的了解，并摸索出一套独属于她的工作方法，提高了工作效率。

她在工作中发现，门店的顾客档案资料的查找和管理并不规范，有的顾客信息不全，并且查找的时候也非常不方便。于是，她向主管提出申请，配备了档案夹，并亲自把顾客的个人基础信息、身份证复印件、照片、各类培训合格证书复印件等相关资料装进档案袋里，然后又把这些档案输入到门店“数据中心”，并按姓氏排序进行单独存档。这样下来，大大提高了员工对顾客档案的检索效率，使档案管理更加科学化、合理化。

不仅如此，由于门店经常会进行培训，而有的员工接受速度比较慢，培训结束之后并不能把培训内容完全消化吸收，王子涵就把每次培训的资料整理出来，按时间顺序把培训资料进行录入归档，一旦有同事需要就可以来她这里查找。

王子涵在平凡的岗位上做出了不平凡的事迹，他们门店各项年度考核指标都顺利完成了。未来，王子涵还会在这个平凡的岗位上做着简单的事情。她深知，她的工作虽然简单琐碎，但是把每一件简单的事情做好，就是一件不简单的事情。

2. 把简单的事做好就是不简单

不积跬步，无以至千里；不积小流，无以成江海。踏踏实实做好每一件简单的事情，就是不简单。

门店工作中无小事，即使再简单的时候，也不能敷衍或是轻视怠慢，而应该全力以赴。大事情都是由简单的小事串联起来的，只有把每一件简单的事情都做好，才能看到美丽的结果之花。面对门店工作中的事情，我们应该付出我们的热情和努力，用我们的激情点燃工作的动力，全力以赴地去完成。不管怎么样，在开始执行之前，把每一件简单的事情做好，才会使你在门店工作中迅速成长起来，在未来的竞争中脱颖而出。

第五章

刺激欲望须趁热打铁

——门店连单销售的四大系统

【门店解码】门店顾客关系营销现状

你与顾客的关系好吗?

你去其他门店消费时，是否经常遇到门店销售人员的以下几种面孔：

门店销售人员常见的几种面孔	
面孔 1	面无表情地看着你，站着一动不动；
面孔 2	看一眼你后，装作没看见的样子，继续做自己的事情；
面孔 3	忙着与其他顾客交谈，把你晾在一边，好像你是多余的人；
面孔 4	眼睛默默地看着你，脸上也有微笑，但就是没有招呼你。

顾客是敏感的，在他们眼中，门店销售人员代表的就是产品和门店的服务水平。如果顾客进门后马上受到主动热情的接待，就不会感到被冷落。

现代的门店销售中，顾客不再是高高在上的上帝，而是门店销售人员的亲人朋友。二者关系的好坏直接决定了营销效果和销售业绩。

当顾客走进店里时，如果门店销售人员像接待亲朋好友一样，不仅对顾客热情寒暄，而且还端茶倒水，马上就会营造一种温馨、亲切的氛围，从而感动顾客。

调查显示，70% 的顾客期待门店销售人员主动相迎。顾客一旦受到冷遇，就会选择离开或不会第二次到来。这是因为顾客第一次进入门店时，很容易产生“人生地不熟”的陌生感，在心理上处于弱势，因此他们总希望一进门就被当作客人来对待。

门店销售人员如何才能在顾客一进门，向其问好的时候，就主动改善同对方的关系？

<table>
<tr><th colspan="3">方案参考：门店销售人员如何改善与客户的关系</th></tr>
<tr><td rowspan="6">主动问好</td><td rowspan="6">当顾客走进店面或接近柜台时，门店销售人员就应当主动与顾客打招呼，然后开始销售。
问好的方式：“您好，欢迎光临！”这是问好式开场白的最常用语言。但这样的问候太常见，顾客听了也不会留下深刻的印象。如果换其他说法，会让顾客感到印象深刻。比如：您好，欢迎光临××品牌专卖店；您好，欢迎光临××品牌专卖店，请看看国内白色家电第一品牌；您好，欢迎光临××品牌专卖店，请看看我们最新推出的节能环保型负离子洗衣机；您好，欢迎光临××品牌专卖店，请看看我们专门为健康生活设计的负离子洗衣机；等等。因此，门店销售人员在向顾客问好时应注意：可加上产品的品牌名称，并统一问候语；为了吸引顾客的注意，可以加上产品的主要卖点的简要介绍。</td><td>应答式</td></tr>
<tr><td>有些顾客可能对产品很了解，不等门店销售人员开口问好，就主动发问了。如，顾客会问：“这是刚出的新品吧？”门店销售人员回答道：“是的，先生，看来您对我们的产品很了解。”
有的顾客在门店销售人员与其他顾客交流时走进门店或接近柜台，门店销售人员没有发现新来的顾客，这些新来的顾客可能也会主动发问。如，顾客问：“这上衣价格多少？”门店销售人员回答道：“280（元），这是我们刚进的外贸品牌货，这个价格非常划算的。您可以试穿一下。”
在应答式中，门店销售人员是被动的，因此，门店销售人员在回答顾客的问题之后，应迅速变被动为主动，了解顾客的需求。</td></tr>
<tr><td>切入式</td></tr>
<tr><td>门店销售人员在与 些顾客交流的同时，也许另一些顾客已经开始在旁边观察一段时间了。这时候门店销售人员做到“面面俱到”是很重要的：即门店销售人员既要照顾好先前的顾客，又不能让后来的顾客感到被冷落。此时，门店销售人员就应该采用主动切入式：先向面前的顾客致歉，让其稍微等候，然后面对新顾客，主动打招呼。</td></tr>
<tr><td>介入式</td></tr>
<tr><td>有些顾客目的性较强，在门店销售人员还没发现他或没来得及问好时，他就已经直奔某一款产品了。此时，门店销售人员应见机行事，抓住机会打开话题，进入销售。比如：“先生，您看的这些款式都是韩国的流行设计……”“小姐，您正看的这一款是今年的新款，有黑色、蓝色、灰色等几种颜色。您喜欢哪种颜色？”</td></tr>
</table>

当然，改善客户关系需要长期的维护与管理，并不是单纯地运用某一种方式就能立竿见影的。

本章将着重介绍连单销售的四大系统，深入门店运营内部，从根本上改善门店的整体运营状况：

货品系统——满足做连单的条件。

陈列系统——更好地展示给顾客看。

激励系统——门店销售人员愿意卖连单。

销售系统——门店销售人员会卖连单。

第1节 货品系统：让产品走进顾客心里

问题1. 货品搭配的5个理念是什么?

问题2. 店长如何保持货品系统的合理性?

管理好货品系统，门店的产品才能深入顾客心里。

举个简单的例子，有一次，我在给企业上培训课前去某家门店买西装上衣。

聪明的门店销售人员问我："您想在什么场合穿？"

我："讲课用。"

销售人员："好，我帮您搭了一条裤子。"

我："颜色深了。"

销售人员："那我给您搭个浅的。"

我："版型紧了。"

销售人员："那我给您搭个宽松的。"

最终，我试了三套，买了一套，这样是做不了连单的。

需要一件西装上衣——第一需求，顾客知道的。

三套服装中，只有西装上衣是一样的——第二需求，门店销售人员深挖的。

为此，如果是服装行业的门店从业者，就应该了解以下搭配原则。

搭配理念1——一搭多原则

一搭多原则，重点是一而不是多，简单来说就是教会导购员如何学会成功地销售一件产品给顾客。

例如，顾客说这件衣服太贵了，我们可以和他说，这件外套搭配衬衫、西裤、钱包适合去正式场合；这件外套搭配针织衣服、短摆裙、高跟鞋适合在约会的时候穿；这件外套搭蕾丝的内搭、蕾丝的裙子、裤袜就适合朋友聚会的时候穿。我们在做搭配时要不断询问顾客家里是否有类似的产品。

一件衣服或产品，只要你能为顾客搭配出三种场合来，基本上顾客都会喜欢上这件产品，而且产品的性价比也被我们塑造出来了。如果顾客家里没有类似的搭配，他自然会买你为他搭配的产品。其实在销售中你想要得到的越多，你往往会得到的越少。唯有为顾客着想，顾客才会为我们的口袋着想。

陈列搭配：多次或反复出现的产品。

门店销售人员：由这一款式，做不同的延伸的搭配。

举例说明1:

“哥弟”的不同裤子是否有区别？没有区别。如果说有，那也只是塑造的区别。

“哥弟”的裤子分类	
名称	功能
百分百裤	裤长挺拔，立显高挑
魔术裤	完美黄金分割，魔术修身
美腿裤	提臀，收腿，瞬间瘦身
恰恰裤	三至八分中裤，轻便随意，职业休闲两便
梦幻牛仔裤	更女人的牛仔裤
动感裤	年轻个性，活力无限

（续表）

“哥弟”的裤子分类	
明星裤	流行廓形，明星气质
自由裤	自由修饰不匀称腿型，休闲随意
摇滚裤	自由率性，混搭元素
热能裤	有温度，有风度

可口可乐与百事可乐有什么区别？口味区别？不是，因为全国各地的口味都不一样，同样是在塑造上有区别。

可口可乐——体育明星——代表传统

百事可乐——娱乐明星——代表潮流

搭配理念 2——多搭多原则

多搭多原则主要是把店铺里的产品进行组合，搭配出不同的风格，在不同的场合可以使用，不妨看看自己店铺里的产品可以搭配出多少风格和场合出来，同时要记住，风格和场合有关，跟职业无关。例如：我是做培训的，是不是就一定要穿得西装革履的呢？当然不是，因为同一个人在不同的场合需要穿着不同的衣服，不同的场合穿不同的鞋，不同的场合戴不同的手表，不同的场合穿不同的内衣。

例如：顾客在穿第一套衣服，且比较喜欢或已经有意向购买时，销售人员可以试探性地询问顾客工作之余的业余活动是什么，如果顾客说工作之余会陪朋友、家人逛街，接下来销售人员就要推荐逛街类风格的给顾客，如果顾客也决定要了，我们可以继续与顾客展开非销售类话术，询问顾客除了陪朋友、家人逛街之外还有什么业余活动，如此类推，推荐出第三、第四、第五套……产品。

顾客问：“你的品牌可以分出多少种风格？”

以某品牌为例，如果你来帮助某品牌划分，你能分出几个来？

星期一：职业装

星期二：商务装

星期三：轻盈装

星期四：酷装

星期五：天使组合

星期六：出差装

星期日：居家装

据此，可以分为7种风格，7种需求。

风格与职业无关，风格对应的是场合。我们要做的就是站在消费者的角度，去切割风格。

搭配理念3——多选多，而不是多选一

让顾客多试的原则是多选多，而不是多选一。

例如你问："您喜欢哪一套？"这只会引发顾客只选一套的联想。

货品系统整改计划

货品系统中，产品的搭配只是我们要做的基础工作，连单销售的重要性在于它可以让我们在店铺位置不变、面积不变，甚至同样的店铺成本下创造出更好的销售业绩，即使在坏天气顾客寥寥的情况，仍能够挖掘出更多的购买潜力，达成业绩指标。

1. 货品结构要合理，货品组合成系列

良好的货品结构和货品组合是连单销售的第一步，如果店铺货品结构不合理，不能达到良好的互配互搭，那么即便是优秀的门店销售人员也无能为力。

因此抓连单销售要从订货开始考虑以下几点：产品线是否完整；货品结构是否合理；货品类别比例是否恰当；货品之间的组合能力强不强；是否能系列

化满足有效生动地陈列出样。

因此要创造一流的连单销售，要从货源开始抓，完善产品结构、颜色搭配、品类组合等等，如果总是缺胳膊少腿的，那巧妇也会难为无米之炊，不合理的货品配置是难以创造高的连单销售的。

2. 合理组合货品，不能“一招鲜，吃遍天”

追求爆款心理，投机性太强，极有可能产生库存积压的情况。如何才能将订到的货品变为增长的财富呢？技巧就是要掌握一套订制货品的“组合拳”，终端门店销售人员要推荐连单商品。销售了四五个品牌的服装，店内货品搞起了内部竞争，其中一两个品牌赢利，其他几个品牌失利，内耗过重，总体亏损，这是订货时组合失误导致的。合理地组合货品是保证销售得力的重要基础工作。

以一家内衣门店为例，陈总的内衣门店里主要销售文胸与小裤，前几年同类门店不多，业绩还算理想。可这几年来内衣门店的竞争越发激烈，陈总的门店货品已经无法满足当地市场的需求。于是陈总想到了组合货品。陈总增加了与之前文胸相同价位的不同品牌，由于新进文胸品牌的花形与款式与之前的有差别，两款文胸还算是相安无事，各得其利。但陈总对业绩并不满意，于是又进了其他几种不同价位的产品。陈总原本想进不同价位的产品以满足更多的顾客群体。没有想到，现实的情况是：有的顾客进店来觉得价格贵了，有的顾客觉得价格低了，实在是众口难调。于是陈总开始思考他的内衣门店到底要组合哪些产品，陈总将这个任务的调查工作交给了店长于峰，让于峰提出组合货品的计划。于峰非常尽心，跑遍了周边大大小小的同类店面，收集了同行信息，加上自己几年来的经验，她向陈总提出了组合的建议。

内衣门店的产品季节性虽然没有大装明显，但仍然会有差异。春夏时期，产品主要以整合文胸、小裤、吊带背心、家居服、吊裙、丝袜、调整型内衣等为主；秋冬产品主要以整合文胸、小裤、秋衣、保暖内衣、调整型内衣、家居服、棉袜品为主。试想一位顾客在夏季进店后，我们在主力推荐了文胸和搭配的小裤后，还可以为她组合吊带背心、丝袜，如果她对自己的身材不满意，我们还可以推荐搭配一套修正身材的调整型内衣。冬季进店的顾客可以向其连单推荐秋衣或保暖内衣，这样可以提升客单价。丝袜和棉袜可以分别作为当季的促销品或赠品，也能提升顾客进店率与成交率。

产品的组合类别有了，接下来就要分析不同类别的占比结构了。于峰综合往年店面的销售占比数据、店面陈列面积规划，总结出了各类别占比的订货计划。于峰很清晰地计算出来如何利用现有资金订出一盘货，设计出每个类别的货所占的比例与陈列的位置。接下来，于峰要做的就是将每个类别再细分成款式。陈总对于峰的答卷非常满意，他俩开始商量接下来每种货品的主推方式，同时，对今年春夏的销售目标达成更有信心了。

于峰对服装门店的订货有着系统化的思考，也进行了量化分析，更考虑到了有限空间的占比。这值得店长们学习。要特别注意的是，每个区域的顾客喜好、尺码大小、季节变化、消费习惯都会有较大的差别。在订货时，一定要结合当地的实际情况。像上述案例中，若是在西南地区，如昆明，四季如春，要考虑保暖服装是否需要整合，而在北方某些区域，夏季时间较短，积压太多夏装会形成库存。

对于货品组合产生的连单销售，终端店可以制定相应的激励政策，如“最高当日连单销售奖”，实施现金奖励，来激励员工通过货品组合提高客单价。

店长如何保持货品系统的合理性	
把握好商品的库存量	这是因为合理的订货，首先需要店长对库存量有准确把握。店长必须要做到随时准确地了解库存商品实际的状态，能够做到心中有数。这样，才能满足合理订货的基本前提。
制定门店经营具体而细致的管理制度	对不同商品如何进行陈列、陈列的方式、标出的价格、进货的时间等等进行准确而到位的统计。这些统计情况和数据能够帮助店长了解店内情况，并为确定订货量提供依据。

（续表）

店长如何保持货品系统的合理性	
了解店内的日常商品销售动态	这也是合理确定订货数量的重要依据。因此，店长需要观察和思考下面这些问题：哪些商品处于畅销期、畅销期销售量的多少、销售量何时下降、下降的幅度和速度、哪些产品会迎来畅销、增长的幅度和速度多少等。这样的动态数据，店长应该根据日常的销售记录、资料分析、总部通报、新闻宣传、顾客意见走访等途径进行充分了解，也可以采用其他的调查和分析手段进行了解。另外，了解产品销售生命的周期变化，也能够帮助店长在相当程度上了解商品销售对于订货的影响。
做好门店经营计划	包括预测每个阶段的销售目标，掌控资源的分配。在季节变化、节日促销的特殊情况下，店长也要充分考虑到某些特定商品的销售倾向。店长应该根据过往类似的商品销售实际经验，在季节变化、节日或者活动到来之前，适当增加某些特定商品的订货数量，这样才能更好地适应之后经营的需要。

货品与陈列	
主推货品重点陈列	主推产品要在店铺的橱窗和阳面做重点陈列。所谓店铺的阳面，就是人流较密集的，能观察到的卖场区域。店铺的橱窗和店铺的阳面是一个店铺能否吸引顾客入店的关键。 重点陈列的要点：门店的橱窗和阳面不仅要重点做主推款陈列，并且要借助其他产品或装饰品的搭配组合，使顾客能很直观地看到因搭配而产生的美感。
风格组合合理，陈列系列化	店铺要围绕主推款形成层次分明的风格化主题陈列、重点销售陈列。不同风格的产品分区域陈列给店铺带来更多的变化和层次；系列产品陈列不仅能突出店铺整体形象，突出当季的主题和风格，更能加大货品的关联性，帮助顾客在购买单件产品时进行搭配联想，促进连单性的销售。
应季陈列，色系清晰	新品不断上市是吸引顾客进店的因素之一，因此要保持店铺的新鲜度，应在店铺的重点区域——阳面陈列当季主推，并且色系清晰，达到引客入店的效果。过季品、促销品、搭配品等相应地放在临近主推的区域，以方便迅速找出相应的配搭和佩饰。

至于如何进一步科学、合理地做好陈列的各项工作，就让我们进入下一节陈列系统的学习。

第2节　陈列系统：打造“会说话”的产品

问题1. 商品陈列的最终目的是什么?

问题2. 商品陈列的原则是什么?

陈列是店铺无言的促销师。“好的陈列和差的陈列，对销售额的影响至少在100%以上”，高明的产品陈列，不仅提升了产品的附加值，更能吸引消费者的眼球，激发其购物欲望。一件内衣挂在店铺的不同地点，会产生不同的效果，从而产生不同的销售额；一件内衣单独陈列和与其他产品组成漂亮的组合搭配，产生的也是两种不同的效果。顾客总是喜欢光顾那些漂亮而富有吸引力的店铺，总是被模特身上或重点陈列区域的一组组产品所吸引。有时候只是个细微的变化，但对于终端销售起到的作用却很大。

那么，我们应该遵循怎样的陈列原则，打造“会说话”的产品?

就像一个懂得修饰的女孩会吸引人的目光，良好的商品陈列同样能够使门店富有魅力，吸引众多顾客的目光。变化商品陈列是门店能够取得良好的销售业绩的途径之一，它会为门店的日常经营带来活力。检查一项商品陈列成功与否的唯一标准是商品的销售业绩。由此也可以看出商品陈列的重要性。

世界著名的连锁便利公司 7–11 店铺内的商品一般为 3000 多种，店铺营业面积一般为 100 平方米，每天的客流量有 1000 多人，每 3 天就要更换 15 ~ 18 种商品，商品的陈列管理在门店经营中的地位显得十分重要。

同时，我们也应当看到自己的门店对于商品陈列的管理还有哪些不足。一些门店经营者知道一些基本的商品陈列方法，如：商品的突出陈列、关联陈列、比较性陈列、随机性陈列等。但是这些陈列方法的运用是变化的，就如同商业的发展一样，一直在随着社会和人们生活水平的发展而在不断变化。例如，以前比较性陈列是将相同商品依照不同的规格或不同的数量予以分类，然后陈列在一起，供顾客选择。很多门店将不同品牌的相同或相似的商品陈列在一起，从而引起供货商之间的价格竞争和促销竞争，商家可以坐享渔翁之利，同时又把门店的销售带入了良性的竞争状态。

商品陈列的最终目的就是销售

当把商品摆进店面时，你便会希望通过商品陈列帮助门店尽快把商品卖给消费者。商品陈列的观念由来已久，早在人类开始从事交易活动时，人们已懂得利用各种陈列法将商品清楚地展示在消费者面前，借以吸引购买。尤其是今天，在一条商业街上，有着千百家不同规模、经营不同商品的大大小小的门店。消费者停下脚步，对你的门店产生兴趣，进而购买你的商品，这时商品陈列的魅力即将面临考验。商品陈列的目的是：

- 让消费者看到商品；
- 刺激冲动性购买；
- 保护自己的品牌；
- 增加店面利润；
- 加强消费者对店面的好感；
- 提高消费者的忠诚度。

商品陈列的原则

那么，我们在商品陈列过程中应注意哪些问题？

商品陈列的原则	
琳琅满目	顾客来到门店注意的焦点就是商品，所以一进门就会把目光投向柜台货架，这时候，如果门店里商品非常丰富，他就会产生较大热情，被样式繁多的商品所吸引。无形中他会认为：这儿的商品这么多，一定有适合我的。因而购物信心大增，购物兴趣高涨。相反，如果门店商品稀稀拉拉，门店里空空荡荡，顾客就容易失去信心和耐心，他会觉得商品这么少，肯定没有适合我的。一旦产生这种心理，便会对解囊消费造成极大阻力。因此，商品陈列的第一条基本要求就是商品摆放要丰满。
展示商品的内在美与外在美	琳琅满目的商品吸引了顾客的目光，他不由自主地进入门店中，这时他最想知道的是商品的质量好不好、外观美不美、适不适合他穿、适不适合他用。因而，聪明的商家在商品陈列上总是尽可能充分地展示商品的美，包括内在美与外在美。 展示商品的外在美就是运用多种手段将柜台货架上的商品予以美化，对商品的外在美予以强化，借此激发顾客的购买欲。比如味多美蛋糕店，在窗明几净的橱柜里，摆放着各式各样的蛋糕。透过玻璃看过去，蛋糕的颜色真好，制作精良，显得十分诱人。产生这种效果，除了本身的品质外，很大一部分来自人工营造——在冰柜上方有一排彩色射灯，紫红色灯光直射柜内食品，每个格子里的食品下面都垫着一个白色的圆形小垫儿，这一切配之以冰柜那洁白的“大背景”，使柜内的蛋糕显得格外诱人。
让商品自己说话	商品陈列是通过对商品颇具匠心的组合排列，营造出一种或温馨或明快或浪漫的特有气氛，消除顾客与商品的心理距离，使顾客对商品生发出可亲、可近、可爱之感的。柜台内的商品通过别具匠心的陈列传达出一种无声的语言，它同样具有调动人的情绪、激发人的感情、催生人的欲望的作用。 有一个成语叫“爱屋及乌”，比喻爱一个人而连带到跟他有关系的人或物。且把它称为“感情连带反应”吧。购物也存在类似情况，顾客被商品所营造的气氛打动，产生积极联想，继而连带对商品也有了好感，购买欲望就容易产生。这就是进行商品陈列时营造特有气氛所要达到的目的及奥秘所在吧。

第 3 节 激励系统：考核与 PK 提升业绩

问题 1. 如何建立门店的激励系统？

问题 2. 物质激励与精神激励哪个更重要？

管理是管理员工的意愿，而不是技能。

没有做成连单的人往往是不愿意多于不会。

例如，“好的，就这两套，你买单吧！”——其实你是不愿意让他多试。因此，我们有必要对门店店长和导购的连单率进行考核，考核与 PK 都是为了不断提升业绩。

请大家记住三句话：

经营的本质是人；

管理的本质是员工；

销售的本质是顾客。

我从来没有思考过如何去研发一门课程，而是一直在思考这样的问题：员工为什么会接受？他接受后对他的成长会有帮助吗？

同理，我们为什么要关注顾客？因为你要思考如何帮助他解决困难。

在此基础上，才能建立起有效的激励系统。

激励系统的建立		
认知	原理	设计激发员工激情的机制，并监督其实现。
	本质	让企业和员工一起成长。
	激励的 4 个要素	要素 1. 设计可能实现的机制； 要素 2. 监督机制的设计； 要素 3. 帮助结果达成； 要素 4. 让结果保持或进步。
指标	最大单	最大单的价值是明星价值（社会价值）。 本身的价值不大，但是带动的社会价值大。
	平均连单	我从没有卖过 10 连，没关系，你店铺全是 3 连单就很好。 对于连单，相对来讲，高价位比低价位好做，男装比女装好做。
4 大 原则	将薪酬与 激励独立	原则 1. 哪里有成绩就奖哪里； 原则 2. 管理做事，事半功倍； 原则 3. 奖金不能比提成少太多； 原则 4. 参考均价。
记录	触景“激励”	名人墙 员工形象墙

物质激励与精神激励

物质激励更有效还是精神激励更有效？

这是门店管理者永恒关心的问题。门店管理者若是能找到适当的刺激物作用在员工身上，员工必定会产生巨大的动力与绩效。问题的关键是，门店管理者所寻找到的激励活动对员工有效吗？即使是眼前有效，长期有效吗？即使是长期有效，效果会递减吗？

激励门店员工的物质与精神手段要相辅相成，在门店的不同发展时期、员工的不同成长阶段，激励的形式、重点都可以是动态变化的。

核心的问题有三个：

一是企业知道员工想要什么，二是员工知道如何获得，三是双方的目的都可以达成。

某海鲜食品门店的激励方式颇有人情味。

年终员工聚餐时，公司不仅奖励优秀门店销售人员奖金红包，还将优秀员工的父母请到聚餐现场，请他们坐在上宾位置。总经理亲自给员工佩戴大红花，并派发奖金红包。对于员工的父母，总经理也亲自派送红包，并颁发感谢状，感谢状上用明晃晃的烫金字写着："感谢伟大的父母为社会培养了一位优秀的孩子！祝你们健康长寿！"台上的投影仪不断播放着这名员工辛苦工作的情景，接到奖金与奖状的父母则在台上深情发言，感谢公司对孩子的栽培，并鼓励孩子在公司长久发展。其情景颇为感人，不少员工流下热泪。没当选年终优秀员工的门店销售人员也激动地表示，在新的一年里一定要好好干，争取出人头地。

该门店激励员工的方式，既抓住了物质激励又抓住了精神激励。"奖励员工，更感谢父母"的仪式，不仅满足了员工的物质需求，也让员工充分感受到自己辛苦的工作成果被企业、家庭、社会所认同。所有参与仪式的员工都能感觉到自己的努力不会白费，能获得的不仅是物质回报，还有其他同事的尊重、羡慕，以及父母的荣耀。

激励员工的技巧

有的店长会说：我手中的权力有限。现金奖励不是我能做的事情，而是老总们去思考的问题，作为店长，我没有太多的物质激励方法。事实上，员工来一家门店是因为"公司"，而离开一家企业是因为"上司"。上司如果对管理与激励做得不好，门店就算是做得再好，员工也感觉不到温暖。店长其实可以开拓思路。不用花多少钱，甚至不用花钱，同样可以激励员工。

店长激励门店员工的 8 个技巧	
技巧 1	随时真诚地赞美员工工作做得好。
技巧 2	请员工小吃一顿，花钱不多，却有了一次与员工交流心声的机会。
技巧 3	倾听员工的建议，并着手改善，公开表扬员工的建设性意见。
技巧 4	温馨家宴，请员工到店长家里聚餐，店长亲自下厨为员工们做可口的饭菜。
技巧 5	自制生日卡。与其他门店销售人员一起为过生日的员工制作一张亲笔签名的生日卡，上面写满大家的温馨祝福。
技巧 6	拜师仪式，新人向“老人”学习时，举行一个拜师仪式，让新人懂得感恩，让“老人”尽心尽力辅导新人。
技巧 7	新人欢迎会，新员工到店后，所有老员工在展会时为新人齐唱欢迎歌。
技巧 8	看望家人，员工直系亲属如果生病，店长带领门店销售人员前往看望与慰问。

激励员工的原则——奖励考核机制要配套

要提高门店销售人员对门店产品的熟悉度，一个简单有效的方法就是：适时地抽查和考核。当换季上新品时，要求员工在 3 天内熟悉所有的新品并进行考核。可以采取相应的奖惩措施：随便抽查几件产品，一件答错罚款 1 元，同时在店内评选最佳知识明星。只要有合理的奖惩措施，所有的门店销售人员都会利用空场时间熟记所有产品，而且在最后的考核阶段人人都会顺利通过的。

奖金是薪酬体系当中最灵活、最有激励性的，可以作为非常有效的调节手段。销售的重心向哪里偏移的时候，奖励政策就一定要跟着它一起调整。要提升连单销售，就需要相应地推出附加推销奖来激发门店销售人员们的工作激情。在产品系列化良好时，为了提高客单价，即提高平均每个客人消费的金额，也可推出附加推销奖。

方案设计：连单销售的奖励机制	
一个月 最大连单奖	某张单子创造最高纪录，即给此门店销售人员一定的奖励，奖励的同时还要告知所有门店销售人员，要引起所有人对连单销售的重视。当所有员工都可以熟练运用连单销售技巧的时候，其效果是显著的。
一个月 最大金额奖	有的门店销售人员虽然连单销售做得很不错，但是没有创造单笔的最高纪录，而是基本每张单都是有连单销售的，基本都是卖两件以上，如果当月销售的总业绩创造了第一，这时就应该设立业绩奖来鼓励门店销售人员。

如何激励 80 后、90 后员工

如今，80 后、90 后甚至 00 后渐渐成为时代的“主旋律”。随之而来的是，这类员工难以管理已经成为许多门店的普遍现象。是什么原因导致 80 后、90 员工难以管理呢？每个人一出生就被贴上了时代的标签，时代的大环境对于每个人会有深远的影响。我们只是一味指责 80 后、90 后员工不爱吃苦、难以融入团队、没有责任心、做事不踏实，可我们是否想过是什么原因造成的呢？

20 世纪 80 年代出生的小孩大多是独生子女，习惯了在父母的保护下长大，所以，其优点表现为性格张扬、不惧权威、勇于挑战，缺点则是欠缺耐性、不善合作、眼高手低。其实 80 后的员工中也有许多精英，关键是如何了解他们、驾驭他们。

90 后的家庭条件相对来说更优于 80 后，他们尚处在青春朦胧期，对生活、感情、工作充满无限的幻想，甚至还在“做梦”。他们可能出现的最大问题就是理想化地看待社会，无法接受现实与理想的差距，所以一出点小问题就转身辞职的大有人在。

那么，80 后、90 后员工如何管理，如何激励？

一句话——将心比心，对症下药。作为管理者，首先要了解 80 后、90 后员工平时在想什么、需要什么、渴望什么，再寻找用什么样的方式管理他们最能接受。

最近在网络上做过一个调查：80 后、90 后的员工喜爱什么样的管理者？列排行榜前 5 位的要素是：

- 有亲和力、常挂一张笑脸。
- 乐意倾听我的感受。
- 双向沟通。
- 接受我的意见。
- 不是指责我，而是真心地引导我。

80 后、90 后员工讨厌的管理者特征，列排行榜前 5 位的是：

- 动不动就骂人。
- 看不起人，低估新人的能力。
- 命令的口吻，从不询问员工的感受。
- 只会罚款和监督员工的行为。
- 不公平，不会一视同仁。

可见，要管理好 80 后、90 后员工，店长的个人魅力与管理风格同等重要。应该先成为员工接受的管理者，再实施管理工作。

第4节　销售系统：提高成交率三部曲

问题1. 连单销售有哪五个时机?

问题2. 连单销售的方式和注意事项是什么?

当顾客决定购买产品后，连单销售就变得很重要了。在门店销售中，门店销售人员应抓住时机进行连单销售。这样做除了能够让顾客多买相关产品，更可以带来新的客源和交易机会。

服装门店零售行业有句话：“衣服卖一件不叫卖，卖一套才正常；卖一套不算卖，卖一套再加一件才成功；卖一套加上一件不算卖，卖给一位顾客十件二十件才优秀。”人们经常有这样的购物经历：本来只想买一条裤子，结果从裤子、上衣、皮带到领带全买回来了；开始只是看看西服，最后经不住门店销售人员的推荐，竟买了两套西服，外加三条领带。

一般来说，对于单价不是太高或者搭配使用的产品，如服装、食品、家具、家居生活用品等，连单销售是必不可少的。

连单销售的五个时机

以下是五个连单销售时机及门店销售人员的应对方法。

连单销售时机	方法
顾客选中一套产品中的单品时	门店销售人员可以说："刘小姐，您看您买的这一款床如果再配上这套组合衣柜，该多漂亮啊！"
门店有促销活动时	这是促进客人连单销售最重要的诱因之一，门店销售人员可以及时地提醒客人："机不可失，时不再来。"
新产品进店或上架时	无论是促销产品还是新产品，门店销售人员都可以在连单销售的时候介绍给顾客。比如，在肯德基点餐时，收银小姐总会热情地说："您可以尝尝我们最新推出的 ××。"
顾客和朋友、同事一起购物时	在介绍产品的过程中，无视顾客同伴的感受是极不明智的做法。门店销售人员不但懂得征询顾客同伴的意见，也会不失时机地建议他试用或购买。
顾客等待时	无论顾客进店来是为了什么，也不管他在等候什么，只要他在门店销售人员的附近，门店销售人员就可以尝试进行连单销售。即使没有结果，也与顾客增进了感情。

常用的连单销售方式

在门店销售中，门店销售人员常运用以下六种方式进行连单销售。

常用的连单销售方式	方法
搭配式	将相关的服装或饰品搭配销售，给顾客一种锦上添花的感觉，顾客会乐于接受。
补零式	很多时候顾客会觉得带一把零钱很麻烦，因此，门店销售人员可以这样说："洗衣机 2960 元，小姐，再看看我们的防漏电插座吧，40 元一个，共 3000 元整。"
推广式	门店销售人员可以用愉快的语气告诉客人："给家里人也顺便捎带两件，既能增进感情，又实惠。"
推荐新品式	当顾客有意购买某种产品时，可以借势向顾客介绍新品。这对于新品的宣传和业绩的提升都有很大帮助。
促销式	通过降价或优惠组合的方式，进行捆绑式销售。

连单销售的注意事项	
为顾客创造更大价值	连单销售的目的不仅仅是为了卖出更多的产品、提升销售业绩，更重要的是为了给顾客带来更大的利益。我们一直强调，门店销售人员追求的是双赢的目标，对顾客是长期的、顾问专家型的、朋友式的合作关系。
多用实物搭配	门店销售人员对顾客开展连单销售时，应多借助实物搭配的效果，这样说服力更强。比如，服装行业的朋友都知道，很多时候的连单销售，都来自顾客对橱窗里模特身上的搭配效果的认可。
扩展推荐	门店销售人员可以一次性地向顾客推荐多种产品，实现配套销售，但是这种扩展推荐会使顾客的花销不断增加，从而限制顾客的购买欲望。门店销售人员应循序渐进地推荐，在此过程中，让顾客完全认同配套的价值，从而完成交易。

第六章

将购买动机转化成购买行为

——门店连单销售的七个关键策略

【门店解码】门店顾客购买原因分析

顾客购买的两种原因可以概括为：

A. 追求快乐；

B. 逃避痛苦。

而分析顾客购买原因的过程可以理解为分析消费心理的过程。

一对年轻夫妇在逛电器商场。门店销售人员远远地看见他们在看 A 品牌电磁炉的特价机，但不知道什么原因没有购买。走到 B 品牌柜台前时，女士说 B 品牌也不错。

门店销售人员听了马上接话说："对呀，您了解一下吧，不用看其他的，你看一下我们的赠品就知道了。你看这黄色的铁搪瓷汤锅，用我们的电磁炉能保证汤锅均匀受热，铁搪瓷不会掉，而且多用富含铁元素的锅，对女性身体尤其有好处——补血，价格也不贵，399 元，还有原装的汤锅、炒锅搭配，要一个吧！"

男士转头悄悄问女士："那就要这个吧？"

女士微笑默认。

这对夫妇只关注电磁炉，说明购买目的很明确，不是盲目购买，同时他们关注的是产品的性价比。所以，门店销售人员的介绍方向是电磁炉的功能和质量。

另外，购买的决策者是女性顾客。所以，门店销售人员在介绍赠品的时候，就应先从赠品的颜色入手，以此迎合女性的购物心理。

门店销售人员又从丈夫对妻子的身体健康比较关注的特点入手，强调赠品锅具具有补铁补血的功效，从而侧面引导男顾客让女顾客做决定。

从这个简单的案例可以看出，门店销售的过程，也就是门店销售人员了解顾客消费心理，然后采取相应的销售技巧，激发顾客购买欲望，挖掘顾客需求，最后将购买动机转化成购买行为的过程。

本章将重点讲述成交的七个策略，让你迅速找到顾客的购买动机，并将其转化成购买行为。

第 1 节　了解顾客需求只要 3 分钟

问题 1. 为什么说 3 分钟就能了解顾客需求?

问题 2. 如何在 3 分钟里尽可能多地掌握顾客需求?

3 分钟就能了解顾客需求?

没错!

很多销售员之所以被拒绝，是因为他们推销的产品并不是顾客需要的，实际上，每个人都有需求，并且会不断发生变化。失败的销售员会在被拒绝之后记住一个信息：他是不需要该产品的。事实并非如此，当你下一周再去拜访他的时候，情况或许会发生转变，难道你要就此放弃几单生意吗?

“××先生 / 女士，请问之前用过什么好用的产品，现在想用什么样的?”

从顾客眼睛停留在什么价位、什么产品性质上来断定顾客心目中的价位和想买产品具备的性质;

主动介绍，若他不看或还在东张西望，就主动请示：“请问你想要什么样的产品?”

直接询问，从功能介入：“先生 / 女士，请问你是想要……”

当你向顾客介绍产品，顾客注意力相当集中时……

想要循序渐进地挖掘顾客的需求，必须先有上述意识，如果你还没和顾客交流，就已经开始打退堂鼓，又如何能够挖掘到他们的真实需求呢？

与顾客沟通就是说与听的过程，当对方在阐述自身理由的时候，应当认真仔细地听，才能从其中得到想要的信息，等到对方说完了，不妨进行各种方式的提问，让顾客的言语成为挖掘潜在需求的重要方法。

第 1 分钟：通过提问找出需求	
求教型提问	你应当用委婉的语气进行，就像在请教对方问题，适合在不了解顾客意图的情况下使用，可以避免被对方拒绝而尴尬的情况，又能一探虚实，可以讲这是非常好的办法。 例如，某位顾客觉得产品很好，但是一直没有拿定主意，你就可以用这种提问方式："您对这款产品还想提出哪些建议呢？"如果对方感兴趣，自然会说，反之则会拒绝。
启发型提问	在前一种方式提问之后，你可以采用启发型提问，通过"循循善诱"的问题，让顾客知道自己需要什么。这是一种促使顾客思考的提问方式，销售员会处于主导位置，例如：你可以问顾客："想要外观漂亮一点还是简单一点的呢？"对方可能会说："当然想要漂亮点的。"你接下来就可以讲："是的呢，看上去也会赏心悦目，这种雕花技术，是其他品牌没有的呢。"
协商型提问	这种提问方式看上去是在征求对方的意见，实际上是引导顾客做出合作性回答，用商量的语气，顾客更加容易接受，即便产生意见分歧，也会保持融洽的关系，试想，当你态度温和地对顾客说："您看今天付定金行吗？"对方也很难会说出令你尴尬的语言。
限定型提问	当顾客已经决定购买的时候，你不妨给他再次"一击"，这是强化销售的有效办法。通常情况下，你可以提出若干供顾客选择的答案："您是选择今天签合约还是明天？""您要订 5000 套还是 10 000 套？" 这些提问看似很强硬，但是又给了顾客选择的空间，当对方已经产生购买欲望的时候，这些提问会增加销售达成的进度和数量。

门店销售人员职业的特殊性要求他们具有敏锐的观察力，善于从消费者的外表神态、言谈举止揣摩消费者的各种心理，正确判断消费者的来意和爱好，有针对性地判断其真正需求。

第 2 分钟：通过观察判断需求	
从年龄、性别、服饰、职业特征上判断	不同的消费者，对商品的需求各不相同。一般来讲，老年人讲究方便实用，中年人讲究美观大方，青年人讲究时髦漂亮；工人喜欢经济实惠的商品，农民喜欢牢固耐用的商品，知识分子喜欢高雅大方的商品，文艺界人士喜欢别具一格的商品。当消费者临近柜台时，门店销售人员可从其年龄、性别、服饰上推测其职业和爱好，有针对性地推荐介绍商品。
从视线、言谈、举止上判断	眼睛是心灵的窗户，语言是心理的流露，举止是思索的反应。从消费者的言谈举止、表情流露能进一步了解消费者的需要和购买动机，还可以看出消费者的脾气和性格。动作敏捷、说话干脆利索的消费者，其性格一般是豪爽明快的，对这种消费者，门店销售人员应迅速为其推介商品，快速达成交易。在挑选商品时，动作缓慢、挑来比去、犹豫不决的消费者，一般属于顺从型的性格特征，独立性较差。对于这种消费者，门店销售人员应耐心周到，帮助其挑选，并适当地加以解释，促使其做出购买决定。
从消费者的相互关系上判断	消费者到商店买东西，特别是购买数量较多、价格较高的商品时，大多是结伴而来，在选购时由于各自的个性特征及兴趣、爱好不同，意见往往不一致。接待这样的消费者，门店销售人员要弄清以下情况： 1. 谁是出钱者。有些时候符合出钱者的意愿是很重要的。 2. 谁是商品的使用者。有些时候使用者对选定商品有决定作用。 3. 谁是同行者中的内行。因为内行熟悉商品，所以虽然他既不是使用者，又不是出钱者，但对商品选定起着重大作用。 在了解了上述情况以后，门店销售人员还要细心观察、分清主次，找到影响该笔生意的守门人，然后以守门人为中心，帮助他们统一意见，选定商品。

第 3 分钟：通过条件挖掘需求	
需求隐藏在有效的问题里	向顾客提问，是帮助他们认识清楚自己需求的最直接有效的方法。一个优秀的门店销售者，首先要清楚自己为什么需要提出问题，这些问题应该能够得到怎样的效果、获取哪些信息。其次，关于问题的表达方式，也要经过精心的设计，这是因为不同的提问方法，经常会在顾客那里得到不同的效果。 例如，当我们问“您最喜欢的是哪一款”和“您最不喜欢的是哪一款”，在顾客心中产生的感受是不同的，对他们产生的影响力也会不同。对于销售来说，不妨将自身在销售过程中最常用到的问题分门别类，然后加以不同方向的设计，从中将会得到足够的收益。

（续表）

第 3 分钟：通过条件挖掘需求	
根据对方的基本条件设计方案	在基本了解需求之后，销售应该做出下一步的行动——帮助顾客提供解决的方案或者意见。 在这样的步骤中，顾客在内心原本萌生的购买欲望，经过销售者的转化，而变得更加具体。例如，在案例中，小芳在提问之后获得了对方的基本情况，然后进行演绎描述，并介绍给他们解决方案：灰色、花纹、价格不高、经得起小孩折腾、三五年换不心疼。这样的解决方案因为具体得当，所以让顾客在短时间内就能看到自己的需求。 当然，销售在明确顾客具体需要时，也应该注意结合自身产品的特点。这样，设计出来的解决方案才会更加有利。
适当给顾客施加压力	为了让顾客更快、更直接地明白自己需要什么，销售者应该懂得如何给顾客施加压力。比如，抓住对方对产品不了解的心理，或者抓住对方急于挑选最适合产品的心理等，为对方构建一种需要加快决定速度的氛围。在这种氛围下，顾客经常有可能“顿悟”，明白自己究竟想要的是什么。比起让对方悠闲地慢慢思考，这种效果会出奇制胜。

第2节　有效介绍产品，让顾客走出“惯性思维”

问题1. 如何有效介绍产品？

问题2. 如何从顾客兴趣点出发介绍产品？

小高是某公司的销售员，他已经与B公司的采购主管约定好，下午去拜访，并且将公司的新产品介绍给对方。

小高选了一套深色西服，又将发型整理好，带上产品的相关资料和试用装，往B公司出发，路上还在回忆产品的相关信息。

来到B公司，在前台接待员的指引下，小高去了主管办公室，一番招呼之后，主管邀请小高坐下来，开始说产品的事情。

小高先将相关材料和试用品递给对方，一面介绍起来：“我们这款节油器，是今年新开发的，比之前的两款还具备优良效果，很多顾客已经在我们这里订购，单笔订单量就很大，我们称之为第三代节油器，是在第二代基础上产生的，性能方面更加优越，使用寿命也更长，经过多次科学的研究，以一部排量为1.8L的轿车来说，每一千公里的节油量为30%，对于您这样的公司，是很有用的。”

听了小高的介绍，主管对该产品很有兴趣，向其询问了几个问题，小高觉察到主管的兴趣度很高，马上就对方比较关心的环节，做了很详细的解释，对方越听越有兴趣，互动交流也非常多。

谈话结束后，主管申请了两个试用装，并承诺，如果产品正如小高所说，一周后将订购 15 件节油器。

从案例中可以看出，当你能够从正面描述产品的时候，首先要进行总体论述，多半是总结性语言，目的是为了让顾客对产品有整体了解，就像你观察一位陌生人，第一印象是非常重要的，销售产品也是如此。你的介绍越生动，越能够吸引人，当然，开场介绍不要过于详细，应当兼顾每一个项目和环节，特别要注意重点环节，可以说几个核心词语，以激发顾客的兴趣，甚至可以抛出一些有悬念的问题。

首先，小高将自己打理得非常得体，这不仅是一种自我介绍，作为一名销售员，你同时代表了整个企业和品牌，在这种情况下，顾客才会愿意同你交流。其次，你还需要注意介绍产品的方法，不能一开始就详细说，以免对方觉得在“云里雾里”，等到你说完了，对方还是不了解你的产品。小高的做法就很好，先笼统说，再进行详细介绍，并且重点介绍顾客感兴趣的部分，双方最终达成互动，这便是促成销售的最重要方法。

方案设计 1：有效介绍产品（仅供参考）	
对比	与竞争对手产品进行对比介绍，突出产品特色和优势。
倾听	不打断顾客的话；想插话时暂停 3 秒再插话或提问；保持微笑；重复客人的话。
互动	销售就是一场球赛，要和顾客一起玩，不要让他做观众。
视觉销售法	想象拥有你的产品后的情景。

方案设计 2：有效介绍产品的路径（仅供参考）	
从顾客感兴趣的地方开始重点介绍	曾有学员说："每次介绍产品的时候，我就很头疼。"不少人存在这样的问题，面对某个产品，想要说的很多，却又不知道从何说起。 就像在自我介绍一样，你肯定先进行笼统的介绍："我叫 ××，来自 ××。"在接下来与朋友交流的过程中，对方会提出一些问题，你来回答，互相之间的了解就加深了。 门店销售过程亦是如此，你可以先将产品的大致情况介绍给顾客，接下来，他会就其中的某些问题向你提问，在交流的过程中，你需要挖掘对方的需求，看看他们是否需要个性化设计，当双方的情绪渐入佳境的时候，他会释放更多信息，当你得到这些信息后，又可以进行更深层次的挖掘，在这个良性循环中，你与顾客的交流就会增多，他越了解产品，达成销售的可能性就会越大。
积极地引导，多介绍产品的优势和个性	想要营造良好的销售气氛，需要你在与顾客沟通的过程中，多介绍产品的优势，并且将其和顾客的需求结合起来。例如，某位顾客很喜欢款式简单的服装，你推荐相关衣服会让她更加感兴趣，但若服装的面料或者颜色不是她喜欢的，不妨多介绍衣服的款式和搭配方法，当你将产品与顾客的个性结合起来，就会让销售工作变得简单。
主动介绍产品的不足	通常情况下，销售员都不会主动说自己产品的劣势，往往忽视了一个重要细节：很多顾客就希望看到商家"批评"自己的产品，这不仅能够让他们有更加全面的了解，也能满足其心理需求。
将劣势转化成优势	在很多销售员看来，当顾客问起产品劣势的时候，他们会非常头疼，实际上，若是你可以将劣势转化为优势，就会形成不一样的效果。

值得一提的是，作为销售员，想要吊足顾客的胃口，不妨将产品的劣势主动告诉对方，有时候，听到这些也是顾客的需求。

有一次，我陪某位朋友去看儿童用的电动车，门店销售人员一个劲儿向我们介绍产品，可以称得上是天花乱坠，还没等对方说完，朋友就拉着我走了，一边走还一边告诉我："就不相信他们的品牌能有这么好。"

五分钟后，我们来到另一个卖儿童玩具的商店，门店销售人员看到我们是来挑选儿童电动车的，便问道："您觉得这款如何？"朋友说："送给小男孩的，外形很酷，手感也不错，体积也很大，我觉得他会喜欢的。"门店销售人员说："确实有很多客人选购这款玩具，反映也非常好，特别符合小男孩的审美观和性格。”

朋友让门店销售人员将玩具开启，并操作着在店里“跑”了一会儿，问道：“这个玩具会不会很费电？”门店销售人员说：“是的，这种大型玩具都比较费电，特别是这种功能比较多的，更何况还要载个孩子呢，您说是吧。针对这个情况，商家特意将其设计成充电款，避免使用电池而浪费。”

朋友：“就算是充电款，也需要经常充电，万一大人没时间弄，孩子又想玩，怎么办？”门店销售人员说：“商家正好在做活动，可以额外赠送您一块电板和座充，这样就方便很多了。”朋友说：“好，就要这个吧。”

可见，在销售员主动说出产品劣势的时候，顾客会非常关心如何解决这个问题，如果你能提出较为有效的办法，则会令顾客感受到你的诚意，因为谁都知道，几乎所有产品都存在缺陷，但销售员能否帮助顾客处理这个问题，也是他们考验你的“手段”之一，当然，如果你能妥善解决，自然更能赢得对方的青睐。

而关于优劣势转化，有这样一个例子。

某天，赵太太陪先生去购买电动车，可是店里只剩下自行车款的了，张先生正要走，说道：“我一个男同志，骑这种电动车太不搭了，要外形没外形，要速度没速度。”门店销售人员对赵太太说：“您今天陪丈夫买电动车，一定是希望他每天能出入平安吧。”

赵太太说：“当然了，其实他每天上下班的时候，我都提心吊胆的。”

门店销售人员：“那我建议您选择这种自行车款，它的最高时速只有30公里，而且这种脚踏板也非常实用，在车子没电的情况下，依然能蹬着回家，一点都不耽误时间，如果选择摩托车款，恐怕回家就迟了，更何况这种车子方便小巧，搬动的时候也非常方便。”

听完门店销售人员的话，赵太太马上说服先生买下了这一款。

可见，当顾客看到产品存在缺陷的时候，销售人员用巧妙的方式将其转化成了优势。不过，有时候，你无法和当事人说，不妨选择与他有密切关系的人，再由这个人说服当事人，这样销售工作就轻松多了。

从顾客兴趣点出发介绍产品

在门店销售中，从顾客的兴趣点出发来介绍产品，就会吸引顾客。乔·吉拉德在《将任何东西卖给任何人》一书中有下面一段表述："我绝不会忘记我一生中许多让我激动的第一次。我还记得我第一次拿起新电钻的情景。那电钻不是我的，而是邻居的一个小伙伴得到的圣诞礼物。他打开礼物包装时我在旁边，那是一把崭新的电钻。我接过电钻插上电源，不停地到处钻眼。我还记得自己第一次坐进新车的感觉。那时我已经长大了，但以前坐的都是旧车，座位套都有酸臭味了。后来一个邻居在战后买了辆新车，他买回来的第一天我就坐了进去。我决不会忘记那辆新车的气味。如果你卖其他东西，情况就完全不一样了。如果你卖人寿保险，你就无法让顾客闻闻或试试，但只要是能动能摸的东西，你就应该让顾客试一下。在向男士们销售羊毛外套时，有哪位售货员不让顾客先摸一摸呢？所以一定要让顾客坐上车试一下，我一向这么做，这会使他产生拥有该车的欲望。即使没成交，以后当他又想买这辆车时，我还可以试着说服他。当我让男顾客试车时，我一句话都不说，让他们试驾一圈。有专家说过，这时候正应该向他介绍汽车的各种特点，但我不信。我发现自己说的话越少，他就对车摸得越多，并会开口说话。我就希望他开口说话，因为我想知道他喜欢什么、不喜欢什么。我希望他通过介绍自己的工作单位、家庭及住址等帮助我了解他的经济状况。当你坐在副座上时，顾客通常会把一切有关情况都讲给你听，这样你向他销售和为他申请贷款所需的情况就都有了。因此，让他驾车是一件必须做的事。人们爱试试新东西的功能、摸摸它及把玩把玩。还记得厂家在加油站搞的减震器演示（你先拉旧减震器的把手，然后再拉新减震器的把手）吗？我相信你们大都体验过。我们都有好奇心。不论你卖什么，你都要想办法演示你的产品，重要的是要确保潜在顾客参加产品的演示。如果你能将产品的功能诉诸人们的感官，那你也在诉诸人们的情感。我认为，人们购买大部分商品是由于情感而不是逻辑的原因。一旦顾客坐上驾驶座，他十有八九要问往哪儿开，我总是告诉他可随便开。如果他家在附近，我可能建议从他家门口绕一圈，这样他可以让他妻子和孩子看到这辆车，如果有几位邻居正站在门廊上，他们也能看到这辆车。我希望他让大家看到他开着新车，因为我希望他感觉好像已经买了这辆车而正在展示给大家看，这会有助于他下定买车的决心，因为他可能不希望回家后告诉家人自己没有买这辆“便宜”车。我不想引顾客过分上钩，仅仅一点点。我不想让顾客试车时开得太远，因为我的时间很宝贵。试车人一般都自认为已开得太远了，虽然事实上并不太远，所以我会让顾客随意开，直到他认为自己开得有点远了，这也会使他感激我。”

的确，产品的特征可以让顾客把你推荐的产品从竞争对手的产品或制造商的其他型号中分辨出来。一位器具生产商可能会提供几个不同款式的冰箱，而每个款式都有不同的特征。推销家具时，要鼓励顾客亲身体验。请他们用手触摸家具表面的纤维或木料，坐到椅子上或到床上躺一会儿。

例如，推销化妆品和浴室用品时，提供一些小巧的样品给顾客拿回家用；开启并注明哪些是可试用的产品样本；把沐浴露或沐浴泡沫放进一盆温水中，让顾客嗅嗅它的香气。

每一样产品都有它的独特之处，以及和其他同类产品不同的地方，这便是它的特征。产品特征包括一些明显的内容，如尺码和颜色；或一些不太明显的，如原料。从顾客最感兴趣的方面出发来介绍产品，才能吸引顾客的注意力。

第3节　询问六式让你问对问题

问题1. 顾客的十大购买模式是什么？

问题2. 如何把问题问到点子上，让顾客无法拒绝你？

爱因斯坦曾经说过，提出问题，往往比解决问题更重要。在销售过程中，这个道理也同样有效。业务员如果能有效提出问题，就能充分提升顾客的兴趣。

了解了顾客的基本购买模式后，会推荐，会询问，掌握更多顾客的信息，对连单销售有很大的好处。

问对问题的好处	
VIP卡、贵宾卡	当顾客想要打折、优惠时，但所买金额未达到会员折扣要求，可以使用VIP卡、贵宾卡的方式来诱惑对方。一方面可以通过连单销售让对方多购买点产品，享受更低的折扣或优惠；另一方面可以让对方用先存钱、后期继续消费的方法处理。
	话术举例： “我们店里凡一次性消费满500元或者累积正价品满800元就可以立即成为我们的VIP，享受8.8折优惠哟。您看您现在都已经300多元了，只要再增加100多元就可以了。”

（续表）

问对问题的好处	
周期原理推广式	顾客难得遇到自己特别喜欢的产品，既然遇到了，那就该多买一套（或几套），这样的话每套的使用寿命才会更长。一方面免除了花很多时间在选购产品上，人也就不那么累了，节省了时间和精力；另一方面几套轮换穿着，效果会更好。
	话术举例： “现在多买一套（或几套）不算多买，只算是提前买，因为一起买更划算了。”
直接一起买单式	有些时候，顾客只想买文胸而不要内裤，当来到收银台的时候，顾客一般都会看着收银员扫描、开单、装袋等，收银员非常镇定地把内裤一起扫描，这时候顾客一定会告诉收银员说她没有要内裤，收银员不必紧张，只须说一句很简单的话就好了（见下面的话术），正常来说，一半以上的顾客都会接受。
	话术举例： “哦（显得很镇定且自然），您不要啊（惊讶状）？现在最流行的就是套穿哟。今天前面 8 个顾客有 7 个都要了，要不我就拿出来吧。”——说完“吧”字的时候不要立即真的拿出来，如果顾客没有坚持要求拿出来，那连单的内裤她也就要了。

方案设计：如何询问——询问六式	
第一式	询问顾客购买的原因和目的；
第二式	询问顾客是否用过这个产品；
第三式	当初是什么原因让他购买；
第四式	他对这个产品的印象和经验是什么；
第五式	请问他为何要换那个产品；
第六式	请问是谁用的（谁有购买的决定）。

罗子豪是某知名品牌电脑的销售人员，正值开学销售热季，来门店咨询电脑问题的人络绎不绝，商场看准这个时机，推出了感恩回馈的打折销售活动。

这天快下班的时候，罗子豪迎来了一两位客人，他心想，促成这单，圆满下班。前来咨询电脑的是位妈妈带着个小姑娘，罗子豪热情地询问有什么可以帮她的，妈妈说带孩子来看看电脑，大学快开学了，得把孩子的装备给配备齐全。

罗子豪一看，这肯定是孩子高考考得不错，不然家长怎么上赶着给孩子买电脑，便热情询问考上了什么大学、报考的什么专业。一通寒暄下来，孩子妈妈心花怒放，一一回答了子豪的提问。子豪一看，这样可不行，光是孩子她妈热乎，孩子却漫不经心，这样的结果是准跑单，于是问小姑娘，平时上网的时候都玩什么。买电脑要看自己的需求，有时候电脑的配置很高，可是我们用不着；有些专业要用到配置高的电脑，可是买的时候电脑配置又不够。

小姑娘说，平时也就上QQ、看视频、刷微博，但是电脑配置不是越高越好吗？

罗子豪一看有门，小姑娘感兴趣就好办了。于是做起了解答，一般的笔记本用户都以为电脑配置越高越好，可是配置再高你用不上也是白搭，反而符合自己需求的电脑，用起来更舒服。很多男孩子喜欢打游戏，尤其是大型游戏，这就需要电脑具备高灵敏度和高清的辨识度，要不然的话玩游戏就会很卡。

看小姑娘听得津津有味，罗子豪问："你喜欢玩那种大型游戏吗？"小姑娘摇摇头。罗子豪接着说，像我们普通的网页游戏或者单机游戏，普通电脑是完全可以满足的，而且，咱们这儿的品牌是有保证的，如今的大学生十个人中有七个是用咱们这个品牌的，都知道口碑好，品牌值得信任。你不是去外地上学吗？全国联保，去哪儿上学都方便。"

看小姑娘沉默了，罗子豪继续问："你是听同学和老师说买电脑买咱这个牌子的吧？"小姑娘点点头。"就是，买电脑又不是买水果可以天天买，既然买就要买一个好的，时间用得久的，我们的电脑在大学生中的口碑那是相当好的，就是到了大学宿舍，也会是用得最多的。"

罗子豪的自问自答，一点点消除了小姑娘心底的那点疑惑，她最后买了罗子豪推荐的那款笔记本。

当罗子豪将推销重点从妈妈身上转到女儿身上的时候，显然女儿是排斥的，也许她的沉默就是她无声的反抗，这说明到那时为止她还没有对某件商品产生兴趣。但在推销过程中，罗子豪十分精准地把握住了询问的机会和技巧。

探寻顾客的需求，最重要的是探寻其基本的需求，需要通过我们的提问来解决。那该怎么提问呢？最常见的提问有以下两种方式：

方案设计 1：提问的两种常见方式	
开放式	开放式提问，是指提出比较概括、广泛、范围较大的问题，对回答的内容限制不严格，给对方以充分自由发挥的余地。这样的提问比较宽松，不唐突，也很得体。 特点： ①常用于访谈的开头，可缩短双方心理、感情距离； ②但由于松散和自由，难以深挖对方； ③不能直接用“是”或“不是”来回答。 话术举例： “您是想选一款什么样的内衣呢？” “您平时对于选择内衣都有什么要求呢？您比较喜欢什么风格的内衣呢？” “您想要什么颜色的外套呢？” “您想要的手机具有什么功能呢？”
封闭式	封闭式提问，是指提出答案有唯一性、范围较小、有限制的问题，对回答的内容有一定限制，提问时，给对方一个框架，让对方在可选的几个答案中进行选择。这样的提问能够让回答者按照指定的思路去回答，而不至于跑题。 特点： ①发问者要有一定的功底； ②问的问题有限制，所以要准； ③可以用“是”或“不是”回答，或可以在几个选项中进行选择的问题。 话术举例： “您是想要胸部再提升一点呢，还是聚拢一点？” “您平时选择胸衣更注重款式呢，还是更注重健康？” “您了解亚洲版内衣吗？” “您是想保养身材，还是想调整身材呢？” “您平时穿内衣做肢体动作会移位吗？” “您喜欢长袖的还是短袖的外衣呢？”

方案设计 2：如何有效提问	
抓住环境提问	用提问加强销售效果，需要在适当的环境下进行。当顾客已经比较了解自身需要，同时已经比较了解产品的情况下，不如用提问直接吸引其将两者联系起来，从而使消费从“预备阶段”进入“实现阶段”。这需要业务员准确定位具体的销售环境和气氛，从而有选择地使用提问方法。
不同对象提出不同问题	提问的内容一定要有充分的针对性，对于不同对象，应该准备不同的问题。比如，对于关心产品质量本身的顾客，你应该多问一些“您发现这个特点了吗”之类的问题，重点在于引导顾客去观察，而对于关心产品在市场中定位的顾客，你应该多问“还有其他产品比我们做得好吗”，来强调产品的独特价值。
就顾客的回答提出更多问题	顾客对于你的问题很可能会给出回答，但这些回答只是推销进程中的一个阶段，并不代表结果。你应当学会就顾客的回答继续提出问题，直到顾客的回答开始接近购买的程度。注意提问不应该重复顾客回答内容，也不应该直接质疑顾客的回答，问题应该侧重强调回答中的正面因素，而尽量解决负面的阻碍因素。

方案设计 3：有效提问的基本原则	
问简单的问题	所谓简单问题就是顾客几乎不用思考就可以回答的问题。在销售的前期，问话更多是探顾客的需求，有了顾客的需求，就要展开对顾客的产品推荐和说服，想要顾客说出自己的需求，就需要问一些简单的问题，不问那些敏感、复杂的问题。这样也便于回答，利于拉近和顾客的距离。 话术举例： “是您自己穿，还是送人？” “您平时喜欢穿什么颜色的呢？” “您喜欢厚的还是薄的？” “您需要什么样的款式？”
问答案是“是”的问题	在销售沟通的过程当中，可以问些答案是“是”的问题，问答案是“是”的问题，顾客会觉得你提出的问题是为她着想，利于沟通，拉近距离，取得信任。 话术举例： “如果不合适，买了穿不了几次，反而是浪费，您说是吧？” “买内衣款式非常重要，您说是吧？” “买内衣质量非常重要，您说是吗？” “买品牌的商品售后服务比较重要，您说是吧？” “结婚是一辈子的大事，拍婚纱照也就一次，多投资点也是值得的！您说是吧？手机也不便宜，如果通话质量不高，会很麻烦的，您说是吧？”

（续表）

方案设计 3：有效提问的基本原则	
问“二选一”的问题	多问一些“二选一”的问题，框定顾客的选择，避免节外生枝，顾客产品看多了，经常是看花眼，结果无法下决定，甚至一走了之。 话术举例： “您是选择蓝色还是绿色？” “您要这个还是那个？” “您刷卡还是付现金？” “您穿着还是打包？”

第4节　销售的秘密：消费心理学

问题1. 顾客的消费心理是怎样分类的?

问题2. 如何揣摩顾客的消费心理?

一般的顾客心理是：怕吃亏、怕上当受骗（先建立信赖感）、贪小便宜（留小尾巴给他砍）、迷茫没有方向感（你就是门店销售人员）。

我们不仅要了解顾客购买的消费心理，也要找出不买的抗拒点，拿出“诱饵”来抗衡抗拒点!

顾客的消费心理

不同的顾客对同一产品可能会有多种不同的看法（消费心理）。如果门店销售人员能发现他们的内心想法，如同“拨对了琴弦”，总能弹出美妙的乐曲一样，就会成功完成销售。因此，要想达成销售，还得仔细分析“上帝”们的购买心理。

按购买动机，我们可以将顾客心理做如下分类。

顾客消费心理分类	
求美心理	在选购产品时不以使用价值为决定因素，而是注重产品的风格和个性，强调产品的艺术美。
求名心理	在选购产品时，特别重视产品的品牌和象征意义。

（续表）

顾客消费心理分类	
求实心理	在选购产品时，不过分强调产品的美观，而以结实耐用为主。
求廉心理	在选购产品时，特别计较价格，喜欢物美价廉或打折处理的产品。
攀比心理	在选购产品时，总想比别人的好，要超过别人，以求得心理上的满足，喜欢争强好胜。
癖好心理	在选购产品时，主要依靠自己的生活习惯和业余爱好，行为比较理智，并具有经常性和持续性的特点。
从众心理	在选购产品时，容易从众，看到别人抢购，自己也会跟过去，并认为有那么多人抢一定是好货，或者有便宜可占。

某风景区每年要接待大量外国游客，姜明的门店主要是赚游客的钱，出售景区的奇石、盆景加各种传统手工艺品，又因为位置在整条街的最中间，所以一直以来生意销量都居于前列，令其他店主艳羡不已。久而久之，姜明自己也开始扬扬自得，他想，地位如此稳固，看来今后的生意是越来越好做了。

某天，姜明接待了一位外国顾客，他操着不太熟练的中文，向姜明提出要购买一颗石头，并且告诉姜明，希望能把自己恋人的名字刻在石头上。姜明花了很长时间才弄懂他的意思，不由得扑哧一笑，他说："先生，奇石是用来欣赏的，一般不会用来刻字。你还不了解中国文化啊。"老外比比画画半天，最终明白过来，付钱走了。

过了几天，姜明发现组团前来旅游的外国游客越来越多，不少外国游客都在购买完奇石以后提出刻字的要求，由于没有这样的技术，姜明总是耐心地解释最终拒绝。

某天，姜明偶尔路过同一条街的另一家店，发现店堂内挤满了购物的外国游客，门店销售人员在柜台后面兴高采烈地收钱、拿货。他感到颇为奇怪，进去一看，原来外国游客正在手舞足蹈地欣赏着刻上了字的奇石……

原来，这些外国游客在姜明那里无法得到满足的要求，在这家店得到了极大的补偿。同时，这家店的店主还宣布，为了体现自己的好客，所有刻字免费，结果吸引了更多的顾客。姜明这才明白过来，为什么最近店里的生意一天比一天冷清。原来，自己掉进了同行设置的“雷区”。可是，除了怪自己不注意观察形势、不注意揣摩顾客心理之外，还能怪谁呢？

方案设计：如何揣摩顾客的消费心理	
不被迷惑	就算是已经成交的顾客，他们的抱怨也常常令门店销售人员头疼，尤其是碰到那些敏感的顾客，他们常常会出尔反尔或者后悔自己的选择。 但是，门店销售人员不必因为顾客的抱怨就被他们吓倒，更没有必要惊慌失措。应该明白的是，顾客的抱怨是自然的事情，潜在顾客的挑剔更是自然的，你在做出正常的应对之余，还应该具备充分的耐心，等待他们在了解市场以后逐渐转变自己的态度。
耐“磨”	除了具备足够的面对抱怨的耐心，同时，门店销售人员还应该让“善于同顾客磨”成为自己最明显的属性。门店销售人员被拒绝可以说是常事，那么，在面对这样的工作常态之后，你会选择怎样做呢？是像有些业务员那样直接放弃，选择另一个潜在顾客，还是像业务精英那样锲而不舍，坚信自己可以成功？
耐心	等待杜鹃鸣叫的重点，是首先能找到那种只是暂时因为环境而不叫的杜鹃，这个挑选步骤实际上比起等待本身更为重要。门店销售人员在具备耐心的同时，不要让自己的耐心变成消极的等待，而是要积极观察市场环境的变化，探寻顾客心理的变化，两者结合，挑选出合适的对象加以等待。

第5节　全面掌握顾客需要的 ROPE 策略

问题1. 什么是 ROPE 策略?

问题2. 如何有效运用 ROPE 策略?

工具箱：ROPE 策略的运用	
Research ——调查研究	调查研究最常用的方法有： 分析背景；明确调研问题；设计调研方案；收集现场信息；信息处理分析；形成并提交报告；总结与反馈。
Observe ——细心观察	这是门店销售人员用得最多的方法。 当顾客靠近门店柜台时，销售人员若能猜到顾客需要什么，就可以直接向顾客推荐产品了。猜测顾客需要的产品，需要细心观察，积累工作经验。
Problem ——引导提问	提问是促进成交的有效方法，这是因为： 提问能让顾客参与得更多； 了解顾客的兴趣与欲望； 探明顾客的情感和思想； 消除顾客的担心和疑虑。
Expand ——扩大成果	在了解顾客需求之后则需要进一步扩大成果，具体方法是： 主动沟通，告知顾客会关注其利益； 积极行动，守护顾客的利益； 持续不断地强化并加强与顾客的关系； 持续不断地提供你的最佳服务价值； 在顾客购买的商品价值之外，让顾客感受到产品的价值和安心。

第6节　利益推销法：FABE法则

问题1. 什么是FABE法则？

问题2.FABE法则中的F、A、B、E分别指什么？

门店销售人员在了解产品卖点之后，就要学会运用FABE模式介绍产品。这种模式可以帮助门店销售人员针对顾客的需求，简洁、专业地介绍产品。

什么是FABE法则

简单地说，FABE法则就是在找出商品使顾客最感兴趣的各种特性（F——Feature）后，分析这些特性所能产生的作用（A——Advantage），并找出这一作用能够带给顾客的利益（B——Benefit），最后提出证据（E——Evidence），证实该产品的确能给顾客带来这些利益。

FABE 法则		
F	特性（Feature）	产品的特性等。 这个单词需要注意，很多门店销售人员把它理解成特征或特点。特征，顾名思义就是区别于竞争对手的地方。当我们介绍产品且与竞争对手的产品进行比较时，就会让顾客产生一定的抵触情绪。 原因是什么？因为在销售的 FABE 法则中不应把 Feature 翻译成特征或特点，而应翻译成属性，即我们的产品所包含的客观现实具有的属性。 比如说，我们的这件内衣是侧比加宽的，侧比加宽就是产品所包含的某项客观现实，即属性（Feature）。 产品的属性其实就是产品的事实状况，比如产品的原材料、产地、设计、颜色、规格等，用眼睛能观察到的外部信息。
A	作用（Advantage）	产品特性所具备的作用。 很多门店销售人员顾名思义地把它翻译成了优点，优点就是比竞争对手好的方面，这自然会让顾客产生更大的抵触情绪，因为我们所面临的竞争对手非常多，相似的产品也很多，我们的产品不可能比所有产品都好。当我们说产品的某个功能比竞争对手好的时候，顾客就会产生非常大的抵触情绪。 实际上，在销售中把 Advantage 翻译成作用会更好一些，作用就是产品能够给顾客带来的用处。或者说描述产品从属性引发出来的“人无我有，人有我优”的作用。 比如，“我们的这件内衣是侧比加宽的，可以有效收拢副乳”就是产品的作用。
B	利益（Benefit）	即产品给顾客带来的利益。 比如，我们的这件内衣是侧比加宽的，可以有效收拢副乳，那给顾客带来的益处就是：如果顾客穿上后就不用担心有副乳的问题了，从而使身材更漂亮、身体更健康，甚至可以说使家庭更幸福。
E	证据（Evidence）	通过现场演示材料来证明产品的特性、作用、利益都是真实的。

第 7 节　如何找出产品的 FABE

问题 1. 怎样找出并有效运用产品的 FABE？

问题 2.FABE 法则使用注意事项是什么?

找出产品的 FABE

门店销售人员在使用 FABE 产品介绍模式时，只需在 F（特性）、A（作用）、B（利益）、E（证据）这四点之间加入合理的关联词即可。

例如："因为这款手机的摄像头可以旋转（特性），从而可以拍摄不同角度的照片（作用），对您而言多方便呀（利益）！您看，今天上午有位先生就因为喜欢这一点，专门来这儿买了一部，这是销售的档案记录（证据）。"

方案设计 1：找出产品的 FABE			
属性	要点	关联词	内容
F	特性（Feature）	因为……	向顾客描述产品的款式、技术参数、配置，回答了它是什么。
A	作用（Advantage）	从而有……	向顾客解释特性如何能被利用，回答了它能做到什么。
B	利益（Benefit）	对您而言……	告诉顾客该产品将如何满足他们的需求，回答了它能为顾客带来什么好处。
E	证据（Evidence）	您看……	向顾客证实你所讲的好处，回答了怎么证明你讲的好处。

门店销售人员需要注意产品卖点与 FABE 的关系：

卖点是产品或服务的属性，而 FABE 则是一种介绍产品的方法。卖点只是这种介绍方法中的内容之一，也就是 FABE 中的 F（特性）。因此，这就要求门店销售人员在理解基本卖点和附加卖点的基础上，对产品有所偏重地介绍。

工具箱：FABE 法则使用注意事项	
过分强调产品属性（Feature）	门店销售人员在沟通过程中将销售重心放在产品的属性上，比如桌子的木头是什么材质、这个材质的木头来自哪里、木头到底有多好等。但是很多专业内容对于购买者而言无异于天书，顾客往往会觉得产品过于复杂而放弃购买。
混淆作用（Advantage）和利益（Benefit）	产品的作用是产品本身所固有的，无论谁购买这个产品，产品的作用都是固定不变的，但是益处却是特定的，不同的人购买所获得的益处是不一样的。比如购买桌子，轻便、价格便宜的桌子，对于小餐厅而言，他们看重的是价格，所以介绍产品不能说明所有的作用，而是强调价格便宜，能够给小餐厅节约更多成本，因为对于他们来说一个轻便的桌子和一个笨重的桌子并无差别；而对于一个高级餐厅来说，轻便才是顾客最关注的，因为他们每天都要搬动桌子，虽然价格稍微贵点，但是能够让自己后续的工作量减轻。
利益（Benefit）的使用前提	利益（Benefit）是给顾客带来的好处，所以在使用 FABE 法则之前，必须要知道顾客为什么需要购买产品，也就是顾客需要产品解决什么问题，只有如此才能真正说到顾客心里，给顾客带来益处。
学会合理转化	将产品属性引申出来的利益最后转化为顾客利益，这才是 FABE 介绍法的精髓。

方案设计 2：FAB 法则应用与技巧		
应用	技巧	描述
FAB	F——属性，说明的是——它是什么。 A——作用，说明的是——它能做什么。 B——利益，说明的是——它能带来什么好处。	一款耳仔位加高的文胸产品，可以运用 FAB 法则这样向顾客介绍： 产品：文胸。 特性：耳仔位加高。 优点：有效包容副乳。 好处：能有效防止脂肪流往手臂，使胸部更挺拔、身体更健康。

（续表）

方案设计 2：FAB 法则应用与技巧		
应用	技巧	描述
FAB	F——属性，说明的是——它是什么。 A——作用，说明的是——它能做什么。 B——利益，说明的是——它能带来什么好处。	话术：“因为此款文胸耳仔位加高，所以能够有效包容副乳，对您而言能有效防止脂肪流往手臂，使胸部更挺拔、身体更健康。” 门店销售人员常犯的错误是特征推销——向顾客介绍产品的材料、质量、特性等，而恰恰没有告诉顾客，这些特性能带来什么作用和好处。门店销售人员一定要记住：我们卖的不是产品，而是产品带给顾客的利益——产品能够满足顾客什么样的需要，为顾客带来什么好处。
FABE	F——属性，产品本身所具有的属性。 A——作用，描述产品从特性引发出来的作用。 B——利益，描述产品能给顾客带来的利益、带给顾客的好处。 E——证据，包括技术报告、顾客来信、报刊文章、照片、示范等，通过现场演示、相关证明文件、品牌效应来印证刚才的一系列介绍。	FABE 法简单地说，就是在找出顾客最感兴趣的各种特性后，分析这些特性所产生的作用，找出这些作用能够带给顾客的利益，最后提出证据，通过这四个关键环节的销售模式，解答消费诉求，证实该产品的确能给顾客带来这些利益，极为巧妙地处理好顾客关心的问题，从而顺利实现产品的销售诉求。所有作为证据的材料都应该具有足够的客观性、权威性、可靠性和可见证性。 话术：“因为……（属性），所以……（作用），对您而言……（好处），您看……（证据）”。
FABI	F——属性，产品本身所具有的属性。 A——作用，描述产品从特性引发出来的作用。 B——利益，描述产品能给顾客带来的利益、带给顾客的好处。 I——想象力，指产品穿在顾客身上的某种情景。	FABI 介绍法又称具体构图法，是一种想象，是描述产品穿在身上的感觉，我们在 FABI 介绍法则中的意境是给大家一个指引，在使用时需要大家根据顾客的心理需求发挥自己的想象力去描绘，去引发顾客对产品美的向往，对产品附加值的渴望。如：生活方式、生活态度、价值感、尊崇、高贵、气质等，这些都需要我们灵活发挥，而不是生搬硬套。 话术：“因为……（属性），所以……（作用），对您而言……（好处），您将会……（想象）”。 1.“我们这个产品很不错，很多顾客都很喜欢，他们也会主动帮我们介绍产品”； 2.“这款专利束裤，采用特殊面料，后面有双层弹力网，能起到收腹和包臀的作用，在下脚这个地方采用无缝设计，所以不紧勒，不用担心会有分割线，从侧面看过去，臀部又翘又圆，迷人的气质一下子就出来了”。

第 8 节 在信息化时代玩转微信 / 短信

问题 1. 如何利用微信 / 短信向顾客表白?

问题 2. 如何在信息化时代玩转微信 / 短信?

在信息爆炸时代，不同的信息渠道都在反复刺激着顾客，使得他们在不断的接受过程中应接不暇，逐渐疲劳。但是，不要忘记有些信息渠道并没有被充分挖掘，而导致顾客尚未完全注意到你在彼处的存在，一旦有竞争对手提前进入那个领域，一定会造成你事实上的形势落后，形成推销能力上的差距。

手机平台上的短信、网络平台上的即时通信工具——微信，其实都是加强你和顾客联系的重要手段，却又往往因为其特性而被销售代表所遗忘。

通过手机短信和微信，你对于顾客的关心和致意能够迅速地传递到他们面前，利用如此便利的联系工具，既可以及时、迅速地加以传情达意，也能够简单迅速地反映情况提供信息。更重要的是，如果你的“温情短信”能够形成一种良好的习惯，给对方以充分的尊重感，那么，往往能帮助你在同顾客的交往中，花费较少的时间和精力，而取得更好的效果。

给顾客发出微信 / 短信，首先要言之有物，没有实际内容的信息，不会引起对方的重视，甚至会被认为是故意骚扰的垃圾微信 / 短信。其次，要重视特殊时

间段的那些微信 / 短信，比如顾客公司的重大庆祝、节假日或者顾客私人的重要事务等。最后，发出微信 / 短信一定要做到及时，经过时间冷却的致意和祝福已经无法让对方体会到你的诚意。

尤其需要注意的是，微信 / 短信内容既可以和产品有关，也可以并没有什么实际联系，仅仅是表示你记得顾客，也希望顾客能够给你更多的机会。作为一种情感投资，这样的方法往往是最简单实用同时又最容易实现的。

王军是某洋酒品牌的地区销售经理，因为朋友的介绍，他长期给一位本地重要的企业家崔总提供最好的产品。崔总喜欢搞聚会，所以对酒类的需求很大。

这两个月，崔总有事出国了，王军没有机会联系他。于是，他想到用短信的方法向崔总致意。他看看日历，明天正好是中秋节，于是，他用手机精心编了一条几十个字的原创祝福短信，发给了崔总。

不一会儿，崔总回了短信："王军，谢谢你。在国外待着，的确很想念家！"

王军笑了笑，又回了一条短信："崔总，国外的酒怎么样？"

崔总回复说："嗯，跟你们的差不多，看来你们的酒的确很正宗！"

过了两天，王军上网，又在 QQ 上碰见了崔总。

"崔总，我们领导让我问候您呢，说您啥时候回国啊？"

"哈哈，快了快了。对了，最近有什么新口味的朗姆酒，给我留着啊……"

靠着每周几条短信和留言，虽然崔总人不在国内，但是王军依旧能联系到他，培养他的购买欲望。不仅如此，在国外陌生的环境中，崔总对国内朋友的关注更加敏感，所以，对王军的印象更深刻了。回国以后，他不仅自己消费，还介绍了两名在国外认识的中国朋友成为王军的新顾客。

销售的成功是一个积累顾客的过程，只有平时多积累顾客，多在顾客的心中留下一点信任，才能最终有所收获；只要有顾客进门，我们就要有一颗感恩的心，感谢顾客的到来，用我们的热心、诚心、耐心去对待顾客，在顾客心中留下一份信任、一份美好、一份记忆。

工具箱：利用微信 / 短信向顾客“表白”	
做一个“日程表”	不要凭着一时冲动给顾客发微信 / 短信，最好能设计出一个“日程表”，起码在自己的工作规划中应该存在有序管理这方面的意识。否则，忽多忽少的微信 / 短信数量会让对方难以接受，也无法承担良好的交流作用。
言简意赅	微信 / 短信的文字应该尽量简单，同时能够承担重要的信息，不要过分堆砌辞藻让人生厌，也不要不知所云、缺乏重点。做到言简意赅，你的微信 / 短信才具备充分的打动力量，在吸引顾客眼球的同时还能够产生更加深远的意义。
埋下伏笔	在微信 / 短信的结尾，有时不妨加上适当的伏笔，如“再联系”“下次介绍”等话语，这样，既可以对顾客起到一定的悬念作用，也能够铺垫下次交流的方向，从而为下次的有效交流留出“口子”。这样既不显得过于唐突，也能够表现出对顾客的充分尊重，从而让对方接受和适应你的工作方法。
消息提示	在搞活动之前，给老顾客和潜在顾客发微信 / 短信，告诉他们我们将要举行大型促销活动，并且有丰厚的礼品，请他们抽时间过来看一看。不过随着微信 / 短信的泛滥，很多消费者（包括我们自己）在看到类似的微信 / 短信的时候，总是没有看完就立即删除了，那我们该怎么做呢？请继续往下看。
提前发送	顾客生日或特殊日子前发微信 / 短信等。只要进到店里的顾客，一定要问到顾客的姓氏、生日，还有其他一些容易问到的信息，因为只有有了这些信息，我们才有机会经常与顾客联系，经常感动他，从而使之成为我们忠实的顾客。 不管是否成交，我们都应该在半小时内对留下手机号码的顾客进行安抚与情感上的沟通，为后期经常的情感联络乃至终生感动计划做铺垫。

话术：什么样的微信 / 短信不容易被顾客立即删除（以内衣门店为例）	
话术 1	大家在电视上经常可以看到一个广告：天气转冷，请预防感冒，严迪广告！ 这个广告做得很精妙，其精妙之处在于，其一，严迪告诉大家，天气转冷了，请预防感冒；其二，这个就是严迪的广告，卖的是感冒药。 那么对于内衣门店来说也可以同样套用，去广告公司设计一下，把那种天冷的情景做出来，让过往的消费者都可以看到，同时感受到我们品牌的温馨！
话术 2	尊敬的 × 小姐，感谢您试穿 ××× 品牌内衣，您的美丽与健康是我们共同的使命，希望今天的服务能帮到您，并希望您在今后能选择到正确的内衣。我们的地址是……期待您再次光临。 您的美丽天使：×××

（续表）

话术：什么样的微信 / 短信不容易被顾客立即删除（以内衣门店为例）	
话术 3	尊敬的 × 小姐，感谢您来到 ××× 品牌内衣店，今天您没能亲自体验我们品牌的效果，甚为惋惜，希望下次您有时间再来体验。我们的地址是……期待您再次光临。 您的美丽天使：×××
话术 4	尊敬的 × 小姐，感谢您来到 ××× 品牌内衣店，真的很抱歉，碰巧没有您看中的产品，过几天会有新的产品、新的款式到，欢迎您有空再过来看看，我们的地址是……期待您再次光临。 您的美丽天使：×××
话术 5	尊贵的 × 小姐，恭喜您成为 ××× 品牌最尊贵的会员，同时恭喜您挑选到真正适合自己的内衣。您的健康与美丽是我们共同的使命，我将 24 小时为您开机服务，有任何需要都可以找我。我们的地址是……记着有时间一定要多到店里来，我们会帮您调拨。 您的美丽天使：×××
话术 6	尊贵的 × 小姐，感谢您首次拥有中国驰名商标 ××× 品牌内衣，我叫 ×××，我的电话是 ×××，今天为您服务我深感荣幸。美体内衣初次穿着可能会有些不习惯，希望您尽快适应。如真有不适欢迎来电，我将真诚为您服务。 您的美丽天使：×××

第七章

说得顾客心，为成交扫除障碍

——门店连单销售的四种超级话术

【门店解码】门店销售语言模式分析

门店销售人员会在顾客召唤自己时，随时使用“谢谢您”“不好意思，没能让您满意”“很抱歉，让您久等了”等语言，充分显示对顾客的尊重，让顾客产生被关怀、被重视的感觉，以维持门店销售人员与顾客之间的良好互动，进而获得顾客的信任和好感。

我们在使用门店的销售语言时，有四个关键词特别重要，那就是“礼貌”“简洁”“目标人群”和“讲解”。

关键词 1. 礼貌

从前面的外在形象（第一印象）规范里，我们知道了怎样把我们最专业的一面展现出来，因此，这里的礼貌与之相对应，但有一点一定要着重指出：

- 不要正面拦住别人的去路，试图逼别人停下来，那样做只会适得其反。
- 不要随便在顾客面前由左边晃到右边，又从右边晃到左边。
- 不要面无表情，动作僵硬，也不要事先不打招呼，直接把宣传单塞到顾客手里。
- 如果别人态度很坚决地拒绝进店，可以给他一张宣传单。

关键词 2. 简洁

我们的言语、我们的行为动作等应简明扼要，不拖泥带水，没有多余的内容，让顾客觉得我们很专业与干练，而且一听就知道我们的主旨是什么，从而再判定是否要跟着进店。

- 用最精练的语言把主旨表达完整，确保别人听得明白。
- 不要过于啰唆，让人觉得厌烦。
- 注意说话的速度和说话用时，不要顾客已经从店门口走过了，还在介绍。
- 在需要的时候还要和顾客有眼神、表情等方面的交流与沟通。

关键词 3. 目标人群

通过我们自己的判断分析，确定我们想将传播的信息传播给谁。这就要考验我们察言观色的能力。我们很多时候喜欢“以貌取人”，过于相信自己的眼睛，通过观察做出一些主观判断，在接下来的服务中由于受主观判断的影响，结果把单做死了。

关键词 4. 讲解

把我们准备好的话语，在与顾客短距离、短时间的接触中，用最动听的声音、最能打动人的方式说出来。

以下有几个参考话术：

参考话术	
话术 1	您好，请了解一下适合中国女性穿的内衣，我们专卖店在这边，来，这边请！
话术 2	我们正在做一个内衣文化的宣传（摊开宣传单页给顾客看），不知道您平时选择内衣的时候有没有注意……（文胸移位、压胸、副乳增多等，从中选择一个来表述），您可以到店里，我们给您做一个详细的讲解，来，这边请！

（续表）

参考话术	
话术 3	您好，我们正在做一个免费的健康检测活动，帮助所有爱美的女性朋友检测胸部的健康状况和内衣的关系，来，进来帮您做个专业的检测！
话术 4	您好，我是 ×× 内衣专卖店的（手指前方自己的店铺），我们店正在做一个买 100 送 30 的活动，现盛情邀请您参加，来我们店里指导一下吧。
话术 5	您好，我是 ×× 内衣专卖店的高级门店销售人员悠悠，我们店铺最近刚开张，正在做一系列的优惠活动，欢迎您光临指导！
注意事项： 以上只是给大家做个参考，其实这些在店外引客的时候要说的话，我们可以经常变换，可以根据活动、季节、促销等来组织语言，但说这些话的时候一定要做到： ①话语流利，自然，不可结结巴巴。 ②音量适中，不可太大声，别人会以为我们把她当聋子；也不可太小声，如果别人听不到或听不清楚，那样会显得我们很没自信。 ③注意自己的表情，一定要一直面带微笑。	

第1节 七种常见问题应对顾客拒绝

问题1. 七种常见的顾客拒绝的方式是什么？

问题2. 如何应对顾客的拒绝，常用方法是什么？

销售界有这样一句行话：处理异议是销售的鬼门关，闯过去就是海阔天空，闯不过去就会前功尽弃。很多门店销售人员仅仅因为顾客的简单拒绝或几个问题就不知所措，眼睁睁看着顾客从身边离去。这时，有的门店销售人员会以消极的态度抱怨自己运气不好，或者将责任推给产品和顾客。其实，如果能以正确的心态面对顾客的异议，这种失败的情绪就会大大缓解。

在处理顾客的问题之前，门店销售人员需要明确：提出问题的顾客才是最想购买产品的顾客，而顾客拒绝购买也是正常的。门店销售人员应该懂得，顾客提出异议或拒绝购买并不是问题，但若处理不好，无法控制自己被拒绝的消极情绪，那才是真正糟糕的事情。

如何面对拒绝

在门店推销过程中，每一位销售员都希望与顾客一次成交，没有人愿意看到对方的拒绝。但现实生活中，顾客的拒绝无时不在，你逃避不了，剩下的就是想办法去面对。有人说：“正是挫折使骨头变成了化石，使软骨变成了肌肉，使人变得不可战胜，也造就了那些在当今世界上盛行一时的英雄本色。因此，不要害怕失败。如果你的失败是有充分理由的，那么你就从来没有像这一刻如此接近成功。”因此，对于拒绝，每个销售员都应当将其视为挑战，视为一次提升自己的绝好机会。

1. 扪心自问

你应当自问：面对拒绝，你会如何使场面维持下去？你会丧失勇气吗？你的兴致会踪影全无吗？此时此刻你会被击垮吗？或者它只会激起你更大的决心？它使你奋起直面反对意见，鼓起勇气，还是使你偃旗息鼓？苏格拉底说过：“如果万能之神右手拿着已经取得的成功，左手拿着成功所需的不懈的奋斗要我选择的话，我将选择左手。”只有经过奋斗，经过勇敢面对和克服障碍，我们才能不断增强自己的力量。

实际上，一个在经历过许多挫折之后仍没有形成成功气质的人完完全全是个懦夫，从来都没有形成成功气质的人也是一个懦夫，因为他不知道他能赢。他不知道他的力量，因为他从来没想到过挫折会给他带来胜利，因而也就从来没有充分检验过它。也正因为如此，他从来也没有获得真正的成功。

2. 发挥潜能

如果我们将顾客的拒绝视为一种困境，那么这种困境应当成为你发挥潜能的主因。要知道，门店销售没有穷途末路，所谓的穷途末路只是你自己的想法，是你无端地给自己增置的思想障碍，而转机无处不在。有些人的本性在他们遭遇反对或失败之前是永远也表现不出来和发现不了的。他们的潜力在他们体内埋藏得如此之深，以至于一般的刺激都不能把它们激发出来。但是，当他们遇到困难，遭到嘲弄、痛斥，或者受到侮辱和指责的时候，一股新的力量似乎就在他们体内产生了，借此他们能做成在此之前看上去绝无可能的事情。

显然，你应当从推销一开始就试图避免遭到顾客的拒绝，让顾客把拒绝表现出来对你而言是不幸的。它表示你在前面的行为中已存在某些不当或不足。但你千万不要被此击垮而心灰意懒。记住：这是对你的一次考验。如果你坚守阵地，不露惧色，别人的拒绝就会使你本性中最优秀的一面显露出来。无论什么时候你遭到别人的拒绝，就想一想，像拿破仑和格兰特这样的人，都是从反对和拒绝中崛起的英雄。

3. 自我警醒

在遭遇顾客的拒绝时，销售员应该时刻警惕自己性格中的不利成分。在这个时候，你性格中的每一处弱点、每一个不利的特点和每一种不良的习性都会成为你推销的绊脚石和成功的拦路虎。敏感、怯懦、羞怯、缺乏勇气或胆量，所有这些弱点都会从根本上削弱你的推销能力。怯懦、羞怯或敏感的人多数都有一种不正常的自我意识。他们总是审视和剖析自己，过分在意他们的形象和人们会怎么看他们。这些会使他们的心思偏离真正的目标，使他们集中不起精神和力量。对此，你必须拿出自信，并以必胜的信念抵制它们对你的不利影响。当你试图这样做并认真地做好之后，你慢慢地就会发现，你已经完全摆脱了这些不良性情的影响。而此时，成功离你不远了。

七种常见的顾客拒绝的方式

类别	内容	对答策略
方式一	顾客说考虑一下	请问先生/女士，刚才我的介绍还有哪里不明白的吗？
方式二	顾客说太贵	当您考虑产品价格的同时，也会使您考虑到产品的服务和质量，您说是吗？
方式三	顾客比我们专业	先让顾客说十到十五分钟，就算他说错了也不要批评他，然后和他说：“既然您对我们的产品都这么了解了，您还在顾虑什么呢？”
方式四	节假日再来买	可以和顾客说：“我们可以给您申请节假日的折扣，或现在购买，节假日回来有差价就退还差价。”

（续表）

七种常见的顾客拒绝的方式		
类别	内容	对答策略
方式五	看看再说	“您的心情我能理解，这样的产品不是什么品牌的产品都能和我们的产品竞争。您再看看他们标价是多少，就知道我们产品的性价比有多高了。”
方式六	钱不够 / 不在预算范围内	可以先交定金，如果顾客不肯，那就是想找借口离开。
方式七	试完衣服后什么都不说	多问问对自己服务的看法，不要问产品。

顾客拒绝时的应对策略		
策略一	相信顾客，不要为表面所迷惑	有些顾客特别善于“哭穷”，甚至直接“装穷”，不要为他们的表面现象所欺骗，你应该能够看穿真实的情况，判断他们最真实的财务现状，并以此为基准来开展你的推销工作。要知道，当门店销售人员自己首先就认定顾客没有购买能力的时候，更不可能指望顾客自己认同产品并完成购买，只有你对顾客先有必要的信心，他们才能在你的鼓励下有更高的信心来实现购买过程。
策略二	让顾客看见购买产品能改变现状	当顾客用“没有钱”来拒绝购买产品时，不妨告诉他，如果拒绝购买产品以提升自我或者提高生活质量，那么，他们必然无法改变目前的生活状态，也就更难说得上有收入提升和改变。不妨向顾客展现购买产品所能带来的直接变化，比如，提高个人的形象、修养，丰富视野、改变知识结构等等。这样，当“产品——变化——收入变化”这样的环节联结起来时，你的推销即将成功。
策略三	巧妙计算，让顾客掏出自己的钱	当顾客采用“没有钱”来推辞产品，而实际上对产品又很欣赏时，你需要做的是帮助他们克服心理上的障碍。巧妙的计算方法是其中的一种，比如，将产品价格除以顾客所能使用的天数，用一天多少钱这样的概念进行表述；或者，询问顾客他们所能接受的价格，然后用现有价格减去他们的价格。诸如此类的方法在实际操作中很多，不妨反复使用，以获得最好的效果。

第2节　连单销售的七招七式

问题1. 连单销售的七招七式是什么？

问题2. 如何让顾客自己说服自己？

以成交为导向

充分利用一切能利用的因素，与顾客中的关键人士建立信任的关系，推动交易的达成。对优秀的门店销售人员来说，应该在非常短的时间内让一个顾客接受签约。顾客采购的决策并不是盲目的，如果你不是卖一件让所有顾客都感到陌生的新产品，顾客必定知道你的产品或同类产品的存在，因此经常性断定能否成交的想法是非常可行的。一个门店销售人员的业务生涯，应该充斥于任何时候。

这样的准则在自己说明完一个产品的重点后要表现出来，以确认这个重点是不是顾客关注的利益点。在谈判场合，门店销售人员在展示产品之外还要做更多的努力，有些时候会感到力不从心，如果顾客没有觉察出产品的价值而不急于购买，门店销售人员就容易丧失信心。事实上，门店销售人员如果关注顾客购买心理的阶段性，如关注产品、比较产品、提出异议等，就会发现达成协议的时机。

当出现下列情况时，成交的时机就出现了：

- 有的顾客问题不断，突然不再发问时；
- 看完一系列产品后，顾客将话题集中在某个产品上时；
- 顾客不再讲话，而是仔细看产品并且若有所思时；
- 你所说的顾客比较认可，不断点头时；
- 此前，总是关注产品质量、性能，开始注意价格时；
- 顾客开始询问购买多少数量能有优惠折扣时；
- 不再有异议，顾客开始关注产品的售后服务时。

随时成交

既然你想要的是与顾客绝对成交，那最重要的原则就是：机动灵活，随时成交。优秀的门店销售人员绝对不会拘泥于某种模式、规定。

一个完整的成交过程，要经历选择顾客、审查顾客、接近顾客、约见顾客、与之面谈、处理异议、签约成交等不同阶段。但是，这些不同的阶段是相互联系、相互影响和相互转化的。换句话说，在整个过程的任何一个阶段里，随时都可能达成交易。门店销售人员必须机动灵活，随时能发现成交信号，随时准备签约。正如捕捉成交信号一样，选择适当的成交时机也要求门店销售人员具备一定的成交经验和判断能力。优秀的门店销售人员认为，必须具备一定的直觉判断能力，即所谓的“第六感”，才能及时有效地做出准确无误的判断，抓住时机，随时达成交易。

强化兴趣点

当顾客询问价钱时，门店销售人员又把价钱与玩具能为孩子带来的好处相比较（抓住顾客望子成龙的心理），并免费赠送两节电池，他采取这些策略的目的都是在强化顾客的感知，最终让顾客做出购买决策。

因此，当门店销售人员在销售过程中遇到类似情况时，要在顾客现有的兴奋点上恰当提问、介绍，以强化对方的兴趣，刺激对方的购买欲，以达到销售的目的。

让顾客自己说服自己

在引导顾客自己说服自己的过程中，应该注意哪些问题呢？

如何让顾客自己说服自己	
创造良好的洽谈气氛	很多时候，顾客对门店销售人员有一定的偏见，抱有各种猜疑、防备的心理，甚至有敌对情绪，这在一定程度上也会影响顾客对产品的评价。在这种情况下，顾客对你有更强的戒备之心，想要获得顾客的承诺是非常难的。这就需要与顾客一见面就努力创造一种良好的推销气氛。热情友好、轻松愉快的洽谈气氛有利于加强与顾客的感情沟通，消除双方之间的隔阂，从而消除对方的猜疑、警惕、紧张心理，这对以后双方洽谈、达成协议有很大的帮助。
控制自己的失望情绪	对于门店销售人员来讲，谈判有时会陷入僵局，双方为了顾及“脸面”而彼此绝不做出任何让步。这个时候，情绪不可避免地要受到影响，但是，必须学会控制自己的消极情绪，任何一种感情流露都不能阻碍谈判的顺利进行。

区分顾客，使用不同战术

对于不同的顾客，应该着力区分，使用不同的战术。

那些关注自身利益、同时思维缜密、判断理智的顾客，他们更愿意接受你“握手”的态度，因为这种方法能够向他们展示利益的共享、立场的平等，他们将从自己的出发点接受你的推销。而对于那些习惯被热情驱动、激情消费的顾客，他们更喜欢受到他人的赞美、鼓动而选择产品，当他们感受到你的情绪投入，体会到你对他们的看重时，往往会买下本来犹豫不决的产品。

在销售的不同阶段，也应该注重使用不同类型的战术。即使是同一名顾客，他在不同阶段对产品的看法也是各有侧重的。因此，他也必定会期待看见门店销售人员在不同阶段的态度。在强调产品质量类比的阶段，顾客往往希望你能本着“握手”的理性态度加以介绍和解释，而在强调服务的售后阶段，他更希望获得你的“拥抱”，以证明自己消费的正确。

利用顾客看重的关系，想方设法同顾客“套近乎”

如果不想办法和顾客“套近乎”，那么，顾客会始终用“那个卖产品的”来定位你。所以，同顾客刚开始接触时，不妨在有意无意的聊天中打听顾客的某些信息，并从中找到拉近关系、拥有共同语言的机会。比如，校友、老乡、工作过的单位、共同认识的圈内人士等等，都可以作为充分的关系素材加以利用。

同时，顾客看重的社会关系也可以用来充分挖掘。比如，师生、同学、上下级、战友、亲友等关系，往往是一个人行走社会所不得不着重培养的人际关系。如果你能渗透或者利用这些关系来促进销售，自然效果会比普通的销售手段好许多，建立的关系也会更加稳定。

互动

互动是同顾客联系的重要方式，也是最好的推销平台。缺乏互动的销售，因为没有给予顾客表达的机会和尝试的机会，显得干瘪无力，严重缺少吸引力和说服力。相反，充满互动的销售，即使在形式上，也能激发起顾客充分的兴趣，引起他们动手尝试、开口询问的行为，并由此打开本来艰难的销售之门。

千万不要吝惜给予顾客互动的机会，这些机会往往是稍纵即逝的，通过这些机会，能够了解顾客真正的需要、对于产品真正的想法，这不是简单的市场调查或询问就可以获得的。其中的奥秘，正是基于人们在对话中很可能掩饰真相，但在实际行为互动中往往流露真实情绪的原理。

同顾客的互动，包括共同试用产品、参观生产流程、分析了解市场、分析顾客自身等。在这些互动中，一方面顾客更好地认识了所有同产品有关的因素，另一方面，他也充分地接触了销售者，并由此放下了戒心，能够真正投入到挑选产品的乐趣中去。

第 3 节　缔结时应避免的三项错误

问题 1. 缔结时如何不陷入误区？

问题 2. 正确缔结时的做法是什么？

即将成功的交易却意外地失败了，这时，门店销售人员应注意自己是否有以下错误行为：

错误行为自检	
价格一降再降	销售谈判就是一场你进我退的拉锯战，有些门店销售人员害怕顾客拒绝购买，就选择在价格上不断让步。 事实上，门店销售人员将价格一降再降是一种错误的做法。当你为了追求订单数量，而不断在价格方面满足顾客时，不仅会使顾客怀疑产品的价格空间，更糟糕的是，他们会怀疑产品的质量和服务。
不断催促顾客	任何顾客都不愿在外界的强迫或压力下做出购买决定。因此，门店销售人员的不断催促只会给顾客带来巨大的压力，最后他们的回应可能就是放弃购买。 让顾客自己得出结论，自己决定购买，这是门店销售的不二法门。门店销售人员可以主动建议购买，但千万不要催促顾客做决定。如果建议一次后顾客没有反应，门店销售人员应保持适当的沉默，尽量了解其中的原因。
轻易放弃	轻易放弃往往意味着前功尽弃。因为顾客一旦离开，真正能再回来购买的可能性很小。顾客不买的原因有多种，因此，辨别是真异议还是假异议，找出顾客犹豫不决的真正原因，才是门店销售人员的专业素质。顾客没有做出购买决定而最终离开，可能有很多原因，比如产品确实不合适、价格超出预期、只想初步了解、不满意服务等。此时门店销售人员应及时停止推销，并抱着“生意不成仁义在”的热情态度，为下一次成交做好铺垫工作，切勿死缠着顾客不放。

（续表）

纠偏：缔结时的正确做法（建议）	
出售自己	第一，顾客今天不买，明天说不定就会买；顾客自己不买，他的朋友、家人、同事说不定就会买。 第二，门店销售人员销售的还包括热情、真诚的服务，而不仅仅是产品。让顾客体验到充满微笑与尊重的购物环境，是门店提升品牌影响力的核心。 最后，自己才是第一产品。你可以没有销售出产品，但不能没有“销售”出自己，这才是门店销售人员不断提升业绩的秘诀！
保持联系	对所有顾客，门店销售人员都可以与其继续保持联系。具体的做法是： 第一，留下顾客的电话号码或其他联系方式。比如：“谢谢您的光临，等您考虑好了，欢迎您再回来，我周一到周六都会在这里。这是我的电话，您需要的时候，给我打电话吧。顺便问一下，我可以记下您的电话吗？” 第二，以个人名义欢迎顾客再次光临。有时顾客可能不愿留下电话或其他联系方式，这时门店销售人员可以递给顾客名片，邀请他在需要的时候给自己打电话。如顾客转身要离去时，门店销售人员递过去一张名片说：“这是我的名片，任何时候您想过来看看，或有问题要问，都可以给我打电话。”
送走顾客	顾客进店时，门店销售人员要像欢迎亲朋好友一样，主动相迎；在顾客要离开时，门店销售人员也要热情相送。如果条件允许，门店销售人员应尽量把顾客送到门口，目送顾客离去；如果是柜台式销售，门店销售人员可以目送顾客一段距离。如果柜台还有其他客人，门店销售人员也可以亲切地说：“抱歉，请慢走。”

第 4 节　如何看待产品、价格、服务及其他竞争

问题 1. 产品、价格、服务、其他竞争，哪个更重要?

问题 2. 门店销售人员应如何缓解竞争带来的压力?

当前，无论是产品、价格、服务还是其他要素，门店销售趋势已经从让“顾客满意”走向让“顾客感动”。因为“顾客满意”的尺度谁都可以制定，并严厉督导执行，而“顾客感动”既无尺度也无法监视，但是也正因如此，才促成了“非常销售”。所以，销售人员只有不断地营造感动气氛，才能攀缘顶峰，门店才能成为竞争中的领跑者。

有一个门店培训大师经常说这样一句话：“你做到了顾客能想到的，顾客会满意；你做到了顾客没想到的，顾客会感动。”

门店销售的区别并不仅仅在于产品本身，最大的成功取决于所提供的服务品质。

从长远看，那些不提供服务或服务差的门店销售注定前景暗淡。他们必将饱受挫折与失望之苦，他们中的很多人不可避免地会为了养家糊口而从早到晚四处奔忙。就是这些门店销售人员忽视了打牢基础的重要性，他们发现自己每年都像刚出道的新手一样疲于奔命、备受冷遇。所以，对顾客提供最好的、全

力以赴的售后服务并不是可有可无的选择，相反，这是门店销售人员要生存下去的至关重要的选择。

然而，有生存就有竞争，有竞争就有压力。

拓展：门店销售人员的竞争压力及来源
所谓压力，是指个体对其没有足够能力应对的重要情景的情绪与生理紧张反应。竞争压力的来源主要有两个：环境因素和个人因素。首先，许多外部环境因素，如工作进度、工作期限、工作保障等，都会引发工作压力。其次，不同的人对同一工作的反应是不同的，因此个人因素也会导致压力。 门店销售人员由于强烈的成功的野心，往往成为工作压力更大的人。过分热衷于工作的“工作狂”就是压力大的表现之一。 门店销售人员应时刻注意自己身上的种种压力信号，综合考察各方面压力源，若发现确实存在过度压力，则应及时采取措施，以达到防微杜渐的目的。

压力所表现的症状	
生理	胸部疼痛、头痛、掌心冰冷或出汗、消化系统出现问题，如胃部不适、腹泻、恶心或呕吐、免疫力降低等。
情绪	易怒、烦躁、忧虑、紧张、冷漠、焦虑不安、崩溃等。
行为	失眠、过度吸烟喝酒、拖延事情、迟到、缺勤、停止娱乐、嗜吃或厌食、吃镇静药等。
精神	注意力难以集中，表达能力、记忆力、判断力下降，持续性地对自己及周围环境持消极态度，优柔寡断等。

以什么样的心态看待产品、价格、服务等竞争	
老板心态	作为雅芳的一名顶级销售高手，埃德娜•拉尔森说：“我有一个非常严厉的老板，那就是我自己。” 许多工作多年的门店销售人员总说：“我是在为别人打工！”这是他们犯下的一个可怕的错误，也是其不能成为优秀的门店销售人员的根本原因。其实，我们每天在为老板、为公司工作的同时，也是在为自己工作。因为你在为老板、为公司工作的同时，自己也从中受益并获得成功。 要想提高你的收入，提升你的地位，首先要告诉自己：“我是老板。”因为只有认识到“我是老板”，才能对自己的行为负责，才能够切实规划好自己的人生，在工作中全力以赴。

（续表）

以什么样的心态看待产品、价格、服务等竞争	
共赢心态	在现代社会，竞争靠的不是“单枪匹马”“单打独斗”，而是团队协作与共赢。门店销售人员不仅是业务上的佼佼者，同时还是最具有合作精神的人。 李先生有一次走进建材店时，看到一位门店销售人员正在扫地，可是她扫的力气大了一些。这在门店营业中是十分忌讳的。旁边的领班看到后马上跑了过来。 领班：“小李，顾客在时别这么用力扫，这样会影响顾客心情的。来，我给你示范一下。看仔细了，要扫得又干净，动作又轻。” 门店销售人员：“对不起，我知道了。” 领班：“没事，下次注意就好了。” 这位领班团结互助、顾客至上的精神，不仅赢得了同事的尊重，也赢得了顾客的信任与好感。
第一心态	任何一位渴望成功的人都希望自己能够在公司、行业中出类拔萃，成为第一。而现实中许多门店销售人员遇到一点困难就开始消沉，甚至愤然辞职。 正因为有了成为第一的目标，门店销售人员才能在困难与挫败面前不屈不挠，才能在工作中比别人更加严格地要求自己，积极、主动地做好每一件事情，热情、真诚地服务每一位顾客，并不断激励和完善自己，逐步将自己推向事业的巅峰。

第八章

做最有“钱途”的门店

——门店连单销售的六个关键步骤

【门店解码】顾客从进店到离店的销售模式分析

最后，我要与大家分享的是连单销售的六个关键步骤。

在此之前，我们需要弄懂一个名词——可耻单。

一单成交一件的，叫可耻单。

面对这样的订单，不但不能开心，还要到仓库面壁痛哭。

毕竟做了亏本买卖，难道你还高兴吗?

如何才能避免“可耻单”

其实，在消费上，很多顾客从进店到离店期间还是非常理性的，他们认为耳听为虚，眼见为实，用过为真，而且都有强烈的好奇心，都希望通过亲身尝试、接触、操作体验产品，确定是否值得购买。因此要想避免“可耻单”，首先要想方设法让顾客亲身参与。吸引了他们的感官，也就掌握了他们的感情。

某门店推出了一款地板漆，耐火性强，柔韧性卓越，硬度高。有一个经销商由于之前的产品被顾客退了货，因此选购产品时总是小心翼翼。看样板的时候，经销商对此款地板漆仍然抱有疑虑。为了展示地板漆的优势，门店销售人员首先用打火机在地板漆膜上烧了两分钟，然后用毛巾擦拭，结果漆膜完好无损。经销商还是将信将疑，于是销售员拿出一串钥匙，让他从一米高的地方把钥匙扔在地板上，一连扔了三次，结果只有些许的凹陷，没有出现一个白点，然后销售员又拿出圆珠笔，让他亲自在漆膜上来回戳动，漆膜始终没有被戳起，证明了该地板漆具有超强的柔韧性和硬度。经销商痛快地签了单。

在整个推销过程中，门店销售人员并没有对产品做过多的讲解，只是在引导顾客亲身体验他所推销的产品，经销商也不是被门店销售人员说服的，而是被产品本身的品质所吸引，这也是顾客们最希望得到的东西。

其次，门店销售应该是一个互动的过程，不能变成销售人员一个人表演的舞台。通过互动——让顾客亲自操作产品，进行试用，能够给顾客一种真实的感受，增强产品的信服度，提高顾客对产品的关注度。

例如，告诉顾客计算机主机所使用的材料非常轻便时，可以让顾客抱起主机，感受一下它的重量；在试音响重低音的时候，可以鼓励顾客伸手到管口去试一试气流的大小；推销安全玻璃的时候，可以准备一把小锤子，让顾客敲击玻璃，看看玻璃是不是够安全。

销售的实质是卖产品，但绝不是等顾客自己选购，而是要将产品演示给顾客，而演示也需要一定的技巧。

在演示产品的时候，应该尽量保证正面面对顾客，尽量让最多的人看到你。如果顾客人数较少，可以考虑和顾客坐在一个距离比较近的位置进行沟通；如果顾客人比较多，就站着讲，这样更容易观察每个人的反应。

如果选择站立姿势，应该身体挺直，两脚稍稍分开，手臂自然下垂，这种比较中性的身体语言，能够和顾客保持一种平等沟通的状态。如果要显示你的积极和友好，可以让身体稍微向前倾，就好像在邀请、鼓励顾客一样。

和“可耻单”说再见	
个性化	每个产品都会有几个卖点，但一般只有一个卖点是最独特的，即产品的个性。门店销售人员在演示产品时，要反复宣传这个个性，让顾客接受它、认同它。例如，一个门店销售人员为了展示榨汁机的防水功能，拿出一个塑料杯，将满满的一杯水朝榨汁机泼下去。在顾客的一片惊讶声中，门店销售人员打开电源开关，湿淋淋的榨汁机照样正常运转。顾客彻底信服了，有几个人当场购买。

（续表）

和“可耻单”说再见	
戏剧性	门店销售人员可以利用各种戏剧性的动作来展示产品的特点，这样往往能够引起顾客的注意。如果你推销的是防火用品，见到顾客后，不必急于表明产品的防火功能如何，可以拿出一件防火产品，装入纸袋，然后点燃纸袋，待纸袋烧完后，就可以用里面完好无损的产品作为最好的说明。 如果你推销的是高级领带，可以告诉顾客“这是 ×× 牌高级领带，不怕皱，如果您不相信，请看……”然后把领带揉成一团，再轻易地拉平，接着说：“这就是 ×× 牌高级领带。” 这样戏剧性的表演，能够给顾客留下深刻的印象，使顾客产生极大的兴趣。某品牌销售员在推销空气净化器时，专门设计了一个实验来证明该产品具有较高的活性炭过滤功能。 他们设计了一个密封的透明箱体，将点燃的香烟塞入孔内。不一会儿箱体内烟雾弥漫，警示灯亮了起来，表明“室内”空气浑浊。然后销售员启动“过滤”按钮，几分钟后，烟雾渐渐消失，最后无影无踪，绿灯随之亮起，“室内”空气又恢复了正常。顾客在观看这个演示的过程中，想必一定是聚精会神地观察每一个变化，因为这种推销方式，完全吸引了顾客的注意力。销售员在推销过程中，如果能够增强演示的趣味性，一定能够吸引顾客的眼球。如果你的展示毫无新意，顾客一边看一边打瞌睡，则必定不会购买你推销的产品。
演示	将提问融入销售演示中，更能够调动观众的积极性和参与性。不过，提问什么、什么时候提问，还需要事先计划和练习。在演示的开始，你可以用多项选择题来做引子，如果你推销的是办公服务，就可以提问这样的问题： “您知道每个工作日我们要花多少时间找那些摆放无序的资料吗？” “如果让你来负责这件事，你会怎么做？”这就为你的演示准备了强有力的开场。 在演示的过程中，也应该及时提一些问题来保证吸引顾客的注意力，保持和顾客的互动，或者引发顾客的思考，比如提出类似的问题： “一般来说，手机是最怕水的，你觉得如果我把这款手机放到水里会怎么样？” “您相信我把这个杯子摔下去，它不会碎吗？” 提问能够让顾客思考你说的话，能够让顾客感觉到你在关注他，想知道他的想法。这样就能够使顾客产生积极的反应，为销售成功奠定基础。

当然，顾客从进店到离店的销售模式和步骤远不止上述几种。究竟如何才能成为有“钱途”的门店，本章即将见分晓。

第1节 从进店到体验，搞定生客熟客

问题1. 从进店到体验试穿，门店销售人员应该怎么做？

问题2. 如何搞定生客与熟客？

连单什么时候开始做？

从顾客进店开始做。

顾客进店后，我们通常立即询问：

- 买上衣还是买裤子？
- 今天想买皮包还是手提包？
- 今天你想买文胸还是塑身衣？

顾客一般会回应——随便看看。

没有人喜欢听顾客说“随便看看”。有学员问我如何回应“随便看看”。

我的方法是不要让顾客说出来。要知道顾客的回应是你问出来的。是你的发问引发了顾客说“随便看看”。

最简单的方法是，不要问顾客买什么，他就不会说随便看看了。

顾客之所以绕一圈后走出门店，其实往往是被你逼出去的。

除了“随便看看”，顾客还可能回应：

- 买我先看看；
- 买好的。

此时你怎么办，如果你此时补一句“不买没关系”，很多顾客听了就走了。你感觉是在给顾客减压，但是顾客感觉是在给他施压，结果逼走他了。

实际上，从顾客进店之后的沟通过程，不在于你说什么，而在于你说的带给顾客的感受。

100% 站在顾客的角度沟通

举个简单的例子，我陪朋友胖子去逛街，门口有门店销售人员打招呼（商场有规定，否则罚款），但是大部分人是不进去的。因为大部分员工其实是在挖着指甲喊“欢迎光临”，极少数的门店销售人员还比较积极。

还有一种情况是：“我不想买，但不仅进去了还被成交了 5 件，为什么？”

他是如何使我成交的？他如何把我招进店铺？一开始就为连单做好了准备，把一个没有购买欲望的顾客招进店铺？

答案很简单：

- 热情打招呼。
- 拉顾客进店。
- 赞美顾客（要具体）。

打招呼→套近乎→送赞美，这也是迎接生客的最基础的方式。而与生客对应的是熟客。

值得一提的是，在与熟客寒暄、推介产品的过程中，门店销售人员要改变原来天花乱坠地“吹捧”产品的策略，而要在销售过程中让顾客先体验，让顾客感到满意后再购买。

一般而言，顾客在购买时最关心的是产品的质量问题，害怕花了钱却买不到称心如意的产品。然而，产品的质量有时候单凭眼睛是看不出来的，需要亲自体验。因此，为顾客提供一个体验的平台是非常重要的。

王晶是某玻璃清洗剂专卖店的销售新人，进门店不久，他的销售业绩就上升到门店第一，这令同事们感到很意外和不解。原来，每次他向顾客推销门店的产品时，都会随身带着一块玻璃和一瓶清洗剂试用品。简单地介绍完产品的功能后，他总是邀请顾客亲自拿着布在脏玻璃上用清洗剂擦拭。看到效果的顾客在感慨的同时，十有八九会购买他们公司的产品。

情感因素——先体验，后购买

既然产品的好坏顾客说了算，那么你就应该想办法为顾客创造亲身感受的机会，让顾客在体验后，主动为产品的质量喝彩。这种体验式销售不但可以增进顾客对产品的了解和好感，而且也会增强顾客对你及你的产品的信任度，缩短销售成交的时间。

一位女士走进一家化妆品店。

门店销售人员：“您好，请问需要点什么？”

顾客：“我想买一支去眼部皱纹的眼霜。”

门店销售人员：“您看这几款，都是刚上市的新产品，去皱效果特别好。尤其是这款。”

顾客：“980元，是不是有点贵了？”

门店销售人员：“您是行家，应该知道我们的价格是合理的。”

顾客：“我可以试用一下吗？”

门店销售人员：“对不起，这恐怕不行。”

顾客：“哦，那我再看看吧。”

相比之下，下面的就不一样了：

门店销售人员：“您好，您需要点什么？”

顾客：“我想买一个蒸汽熨斗。”

门店销售人员：“您看这款蒸汽熨斗怎么样？”

顾客：“看着还不错，就是价格贵了点。”

门店销售人员：“我们的价格是最合理的，这款蒸汽熨斗确实相对于其他几款贵了点，但是它的效果要好一点，并且使用寿命也长。”

顾客：“是吗？”

门店销售人员：“嗯，这儿有两件褶皱的衣服，您可以随便挑一款蒸汽熨斗和这款比比效果。”

顾客：“真的呀，效果就是不一样。”

门店销售人员：“是的。”

顾客：“我就买它了。”

如果门店销售人员在销售产品之前，能够为顾客提供一个宽松周到的购买氛围，即先让顾客亲身体验，在顾客充分感受产品的价值后，再由他们自己决定是否购买。这就比其疯狂地劝说顾客的效果要好得多。

据有关专家研究显示，顾客所做的任何购买决定都会或多或少地受到情感因素的影响，完全理性的购买决定是不存在的。

所以，门店销售人员要想把自己的产品成功地推销给顾客，单纯地靠理性说服是远远不够的，能够轻松赢得顾客的最好办法就是借助“先体验，后购买”的情感诉求。

从心理学的角度看，人的情绪最容易被调动起来的时刻是当其身临其境、亲身感受之时。顾客在体验产品时不自觉地就会投入感情，并且有着希望拥有的心理暗示，这无疑都是促使顾客更快地做出购买决定的动力。

门店销售人员都知道，销售的最高境界是赢得顾客的心。只有你赢得了顾客的心，才能赢得销售最后的胜利。然而，现如今各行各业的竞争近乎白热化，你又该怎么做，才能在这个纷繁复杂的市场下立于不败之地呢？答案只有一个，那就是让顾客先体验，后购买。

美好的亲身体验会增强顾客对产品的喜欢和偏爱。顾客在体验的过程中会牢牢记住产品的优点，忽略那些微不足道的“小毛病”，在心理上拉近与产品的距离。

第 2 节　增加顾客体验，把客单价做大

问题 1. 顾客的体验度由什么决定?

问题 2. 如何才能把客单价做大?

公式：客单价 = 试穿件数 × 试穿件数的成交率

记住，满意度不等于忠诚度。只有他的衣柜里堆满了我们家的衣服，才有回头率。

先分享给大家两句话：

第一句话：试穿一件衣服的顾客别想进入我的试衣间。

第二句话：不要低估顾客的购买能力。

对于试穿一件衣服的顾客别想进入我的试衣间，如何做到呢?

有很多顾客在试衣服，并且效果极好，只是大多数顾客是单件进试衣间，只有少数人是一套进试衣间。

此时，不妨对顾客说："为了让您更好地感受这件上衣的穿着效果，我建议您与这条裤子一起搭配试穿。"

此时，大部分顾客都不会拒绝，因为你是 100% 地站在顾客的角度着想。70% 的顾客会立刻进入试衣间。

再比如，ZARA 一向是款多量多，而消费者却以为是款多量少，这是因为它的营销做得好！中国与欧洲的门店，销售人员最大的区别在于，前者是强推，后者为不理你。强推反而会让顾客产生拒绝的念头。

销售是讲概率的，你要假设每个顾客都会买连单。消费不会让一个人变贫穷，只会让他更有动力。

但是，成交率上去了，营业额就一定很高吗？并非如此。

如果客单价太低，成交率只是个数字而已。因此，在提高成交率的同时，必须提升客单价。判断一位门店销售人员是否经验丰富，这两个指标起着重要的作用。成交率高但客单价低，说明门店销售人员销售热情十足、激情百倍，但缺乏大额商品的销售经验，所以成不了大单。客单价高但成交率低，说明门店销售人员重视大顾客，有丰富的大额商品销售经验，但并不重视小单顾客的接待。如果一名门店销售人员成交率与客单价都高，则说明他不仅销售心态积极，而且销售技巧娴熟。

对于客单价方面，我们对门店每一位销售人员从周一到周日的销售情况进行记录，数据如下。

平均一周客单价总表				
姓名	张某	王某	宋某	李某
平均客单价	300 元	460 元	650 元	700 元
成交人数	7 人	14 人	20 人	29 人
销售总额	2100 元	6440 元	13000 元	20300 元
本店本周营业额	41840 元			

如果我们要达到本周所分解的销售目标 52000 元，按目标成交人数 80 人计算，客单价目标就要达到每人 650 元。按每周成交人数 80 人计算，每天的平均

成交人数就是12人。成交人数12人，如果是85%的成交率，每天的试穿人数就是14人。如果要保证每天试穿人数14人，按试穿率85%计算，每天进店人数就是17人。据此，我们计算出每天的最低业绩目标为：进店人数17人，试穿人数14人，成交人数12人，客单价650元。该目标可以保证我们完成最低销售任务。

通过比较，我们发现客单价未能达标的张某和王某，在销售过程中没有养成推荐连单商品的习惯，也不知在何时向顾客推荐连单销售品。于是我们请李某整理出了提升客单价的销售培训提纲。

如何提升客单价

情景	顾客情景	门店销售人员如何应对	注意事项
顾客决定购买时	顾客已经为自己购买了全套内衣	“您还可以给自己的先生和小孩各买一套。我们买200送50的促销活动只有3天了，过了优惠时间，就没这么好的省钱机会了。我再帮您选一套适合您先生的吧。”	在顾客已经确定购买时再做连单销售，否则会引起顾客反感。
顾客在收银台买单时	顾客已经决定好购买的物品，在收银台付款	“我们的小裤是纯棉的，有12款颜色。您可以带上几条给自己和家人呀，价格很实惠呢。”	将小裤陈列在收银台旁边，便于顾客拿取。
为顾客找零钱时	顾客购买的物品需要找零的金额较小	“刚好是294元，您如果没有零钱的话，可以购买一双棉袜，既温暖又舒适。”	将各款棉袜展示在收银台附近，便于顾客拿取。
顾客的单价接近办VIP卡时	顾客购买的客单价接近VIP卡办理的金额	“先生，您刚好消费了628元，如果您消费到650元就可以成为我们尊贵的VIP会员了。会员可以积分和换购礼品。我建议您再买一条单裤。”	推荐单价不太高的商品，以免引起顾客的不满。

第3节　体验服务标准，尽显专业风范

问题1. 试衣间的服务标准都有什么？

问题2. 怎样在顾客体验的过程中彰显你的专业风范？

试衣间服务标准

1. 试衣中的关键词——找下一套（顾客在试衣过程中，找下一套）

2. 找衣标准

（1）一套以上；

（2）不同风格或类别；

（3）适合顾客的尺码；

（4）放在试衣镜旁。

为什么要不同风格和类别？如同一风格则货品间有替代关系，如不同风格则选择就多了。

3. 注意事项

（1）先挑不同风格，再挑不同风格的类别；

（2）在产品的描述上：70% 的非销售话术（不要一直说产品好看，100% 站在顾客的角度）+30% 产品。

4. 找出适合顾客的尺码

例如，一双鞋，如果是不合适的尺码试穿，效果也就不能令人满意。

一个超级卖手是不会问顾客穿什么尺码的。而是把商品放在试衣镜旁，准备做第二步的附加推销，这样就可以顺手拿过来。

假设顾客拿了第二套、第三套……第六套风格的衣服进试衣间了，你在干什么？当顾客穿好衣服，拉开试衣间帘子时，你会说什么？

正确的做法——赞美

赞美的 3 种方式：

赞美产品、赞美顾客、赞美顾客和产品。

顾客出试衣间后问什么？永远不要问顾客好不好，而是用赞美代替问好。

赞美公式：

你很好，因为这件衣服的某个特性更加好了。

最有效的介绍是结合顾客选择的商品介绍，大大增加成交率。

例如：

您皮肤很好，这件衣服的红色让皮肤更加白里透红了。

您身材很好，穿上我们家的这套衣服显得您身材更好了。

您很有气质，穿上我们家的这套衣服显得您更加有气质了。

您很有绅士风度，戴上我们家这只手表，显得您更加有绅士风度了……

错误的赞美话术：

你很漂亮，……更漂亮。

你很可爱，……更可爱。

赞美是人世间最美好的语言。门店销售人员应当学会真诚地赞美，并运用赞美的力量，瞬间拉近你与对方的心理距离。

适当地赞美你的顾客	
赞美的作用	赞美可以向顾客传递关怀的信息；拉近与顾客之间的距离，增进与顾客之间的情感交流；获得顾客的信任，最终实现产品销售；激发顾客的美好感受，营造最佳的“朋友式合作”氛围。 在化妆品专柜前，一位年轻母亲带着小女儿正在看化妆品。 门店销售人员：“小朋友，你长得好漂亮呀，阿姨真喜欢你！” 小女孩：“我妈妈也漂亮呀！” 门店销售人员：“对呀，妈妈更漂亮，你将来一定会和妈妈一样漂亮的。” 门店销售人员抬起头，微笑着对年轻的妈妈说：“你的女儿真乖，会让你心情很好吧！你看，你的皮肤多好呀！” 年轻母亲：“是吗，你的皮肤保养得也不错呀，肯定很有经验，你帮我看看哪种更适合我？” 上述案例中，门店销售人员通过委婉、间接的赞美，很快拉近了与顾客间的距离，成功营造了良好的开始。
习惯赞美	东方人与西方人对赞美的反应有着很大差异。一般来说,西方人说话直截了当,情感外露，因此他们习惯赞美，被赞美者也十分乐意接受。而东方人往往说话比较含蓄，情感也不外露，不习惯赞美别人，受到别人赞美时，也会把高兴藏在心里不表现出来。中国人也往往将当面赞美与阿谀奉承等同起来。

如何有效地赞美顾客	
寻找赞美点	寻找赞美点，其实就是发现顾客的优点。切记：发现是赞美，发明则是奉承。
赞美一个点	赞美顾客太多，顾客会觉得太假，抓住重点赞美便可。
不宜太直接	太直接、太露骨的赞美会被认为是肉麻、拍马屁，因此赞美不宜太直接，应含蓄、值得回味。
态度真诚	赞美一定是由衷之言，要有事实依据。如果无中生有，被人看破，反而更伤感情。
独特的表达	“这好像在别的地方听过。”如果你的赞美使对方有这样的感觉，效果就会大打折扣。用你特有的语言，说出对方最得意的优点，你就可能成为对方的“知己”。
适时地赞美	所谓适时，就是让对方感觉你的赞美是不经意的、自然而然的。
不断重复	重复就是力量，因为“即使是谎言，重复一百次后也会成为真理”，何况是真诚的赞美。

如何应对不愿体验试穿服务的顾客	
不急于求成	门店销售人员在接待顾客时,常会说这样的推介语:“喜欢的话,可以试穿”,或者“这是我们的新款,欢迎试穿”。 实际上,这些语言并不能起到真实的促进销售作用。因为这些话不稳妥,门店销售人员怎么就知道顾客喜欢呢?如果销售人员在不知道顾客是否真正喜欢这款衣服的时候就推荐,顾客心里就会想:“我凭什么试穿?”或者“谁说我一定要穿你们的新款,这件新款要适合我才行。” 当然,也有些门店销售人员不会很突兀地要求顾客试穿,他们会采取一些策略。比如说,他们会这样表示“小姐,您真是非常有眼光。这件衣服是我们这个星期卖得最火的一款,每天都要卖出五六件。以您的身材,我相信您穿上后效果一定不错!来,这边有试衣间,请跟我来试穿一下,看看效果怎么样……”他们并不等顾客回答就提着衣服主动引导顾客去试衣间,尤其在面对犹豫不决的顾客时。 其实这样的推荐也是有问题的。这种门店销售人员,持有的销售心态是迫切的。因为在这里,门店销售人员具有强烈引导顾客试穿的意味,而且这种强烈的引导表现得过于急促。因为终端一线的人员都明白,销售的成功与试穿衣服有很大关系。鉴于此,门店销售人员才会非常迫切地、不分情况地引导试穿,这极可能导致顾客的反感。试想一下,如果你是一位顾客,当你遇到的门店销售人员在销售过程中,语言给人的感觉是咄咄逼人的,你是不是会很反感?
适当引导	门店销售人员在建议顾客试穿衣服的时候,顾客就是不肯采纳门店销售人员的建议,在这种销售情景下,应该由门店销售人员当场来感受“就是不肯”这几个字的具体程度,如果顾客是很坚决的,就是不愿意接受门店销售人员试穿衣服的建议,就不要强迫顾客。在终端销售过程中不要强拉顾客来试穿衣服,因为每一个顾客都有自己的想法和意识,任何销售都必须对顾客采取尊重的方式,带有强迫性的、攻击性的方式对创造销售业绩是不利的。 为什么顾客不愿意接近门店销售人员,甚至很多顾客害怕接受门店销售人员的热情服务呢?“强迫”服务应该是其中一个主要原因,如果顾客并没有表达出坚决不肯,或者经过几番劝说,也没有明显表示出不愿意试穿的态度,门店销售人员才可以进行热情的、适当的试衣引导。
描述体验	衣服采用什么样的面料等,这些不一定是顾客需要试穿的理由。人们早就过了穿衣穿面料的时代了,除了西服、羽绒、羊绒这类服饰需要强调面料,多数衣服更多的价值,不在于物理性质上的面料,而是在于精神美学。 这件衣服顾客是不是真心喜欢?是不是符合顾客的气质和风格?这对于引导顾客的穿衣,是不是一个比较好的解决方案?如果我们要想刺激顾客,不该用强烈的推动方式,而是要让顾客主动走到试衣间。我们应该把试衣的体验,用恰当的语言描述出来,让顾客想象试衣的美丽效果,激起他内心的欲望。 因此建议门店销售人员如此表达:“小姐,我个人觉得这件衣服还是比较适合您的气质,也适合您现在的身材,面料也比较透气,适合现在的天气,而且颜色也跟您的皮肤非常搭配,您如果穿上的话,不仅可以修饰体形,在炎热的夏天穿着这件裙衫,还会有风一般的感觉。当然啦,衣服本身就是一个立体感的商品,平面上可能看不出效果。如果愿意,不妨拿进试衣间自己试试,感觉一下。”

第4节 体验过程服务，引导顾客购买

问题1. 试衣镜前的服务有哪些?

问题2. 如何加强体验，诱导顾客购买?

试穿（有些行业称为：体验，下同）是成交的必经之路，要想提高成交率，就要提高试穿率。留下顾客，才有更多的机会提高试穿率；试穿率提高了，成交率才有保障，从而才能提升店铺业绩。

商品介绍技巧——USP

什么是USP？

USP即独特的卖点——一个产品需要一个卖点就够了！卖点越多，顾客越记不住。

例如，“这件裤子是全棉的，版型特别好，所以穿起来特别舒服”。但如果你在介绍衣服时还这样说，顾客就没有感觉。

独特的卖点又分为：

1. 利益诉求

如加多宝与王老吉。

1个亿到200亿——怕上火，喝王老吉。这就是别人无法复制的，带给顾客的特殊利益点。这也是为什么后来有很多凉茶都在做，但是都没有成功。

2. 独特诉求

如可口可乐与百事可乐的味道，每个省的可口可乐味道都不一样。但几乎没人能品尝出来，竞争对手也无法提供类似产品。

3. 集中诉求

为什么有的人买奔驰不买宝马？因为宝马的集中卖点是豪华，后来改为了操控性好。这样的诉求更符合行业精英的特质。

平常的内衣门店销售中，我们也经常遇到很多顾客就是不让门店销售人员进试衣间的情况，很多门店销售人员就不知所措，只好在门外很着急地等着，为什么会这样？究竟还有哪些事我们没做好？

顾客进试衣间前——做好两件事

第一，要打消对方的疑虑，这些在异议处理中都讲述得差不多了，这里不再赘述。

第二，要化解对方的害羞心理。

何谓害羞？因胆怯、怕生或怕被人嘲笑而心中不安，感到不好意思，或难为情。其实，害羞是一种正常的反应。最常表现为脸红、目光四处游移、耸肩、坐立不安等，这些都是人害羞时的典型表现。对害羞的人而言，这种感受是痛苦的，是不想再次经历却又无法回避的，同时又是难以解释的。

以内衣门店为例，很多女性除了自己的老公或孩子之外，几乎没有别人见过她裸露的身体，因此很多顾客不愿意让门店销售人员一起进入试衣间。因为她害羞或者惧怕别人的嘲笑！因此我们首先要想办法打消顾客的种种疑虑，并化解她的害羞心理。

某内衣门店来了一个顾客，销售人员慢慢了解到顾客是湖南的小朱。通过初步沟通，知道她之前的内衣都基本是在地摊上买的。

接下来销售人员想让她去试穿，她同意了，但是她不想让销售人员也进去。销售人员就跟她说：“朱小姐，你放心好啦，相信我是专业的，也是为了你好，我希望你正确穿着内衣。再说了，我们是同龄人，我们还是老乡呢。不要那么害羞，如果你觉得不适应的话，你可以先背对着我，我不看你，但我教你怎么穿。”朱小姐没出声，只是听着。销售人员顺势撩开试衣间的帘子，做了个“请”的手势，

朱小姐就随着销售人员的手势进去了，销售人员立即拉上帘子。

然后销售人员开玩笑地说：“要不这样，我也脱了，我让你也看总可以了吧。”说着销售人员就开始解自己外衣的扣子。朱小姐马上就笑了，说：“你就不用了吧，我脱！”很快，朱小姐就主动赤裸着上半身站在销售人员面前了。销售人员当时很意外，更多的是兴奋，原来女孩子之间可以这么快就相处并获得信任。

于是在接下来的时间，销售人员很自信地针对她胸部存在的一些小问题对她进行了很专业的讲解，朱小姐告诉她：“其实我也一直希望能找到对自己好一点的内衣……”

先不管案例的门店销售人员是否按流程做，但自信很重要，只有我们自己自信了，才能让顾客感受到我们的自信，也因此受到感染。

内衣门店销售中经常遇到顾客不让进试衣间的状况，要学会合理解决，如果不用专业指导顾客，顾客会觉得我们和其他任何品牌一样，那么附加值就很难体现出来；万一遇到不让看的顾客，“我先脱、我也脱给您看”或许是最好的方式。

把顾客当朋友，取得对方的信任比什么都重要。

顾客进试衣间后——注意步骤和话术

顾客进试衣间后的步骤和话术		
步骤	描述	话术
自我介绍	在店外引客或前台接待阶段，门店销售人员都有自我介绍的机会，只是在那时或许还没有问到对方的姓氏等方面的信息。因此在此做一次很深刻的自我介绍，目的是更加拉近与对方的距离。	“您好，我是这里的门店销售人员 A，很高兴为您服务，请问一下怎么称呼您呢？”千万不要小看这句话，要会用最合适的重音来表述这句话，这句话本身包含了几个重要信息： 门店销售人员，表明的是自己在门店里的称谓，说明自己的服务是很好的。 A 可能只是个“艺名”，但一定要便于记忆，而且比较时髦一点点，如果叫什么阿猫、阿狗，那就不好了。 服务，表示接下来是为对方服务的时间，请对方笑纳。 怎么称呼您，是询问对方有关信息的开始，从姓氏问起，接下来在试衣间还有十几乃至几十分钟的时间，顾客的很多信息是在这里询问出来的！
赞美对方	赞美前面已经说得很多了，别忘了，在门店销售的全过程中都要赞美，但赞美要有度，要因人而异。刚进入试衣间的时候，赞美对方哪些优点比较好呢？	您这件衣服真好看，颜色和款式都很适合您。 您的皮肤真白净，您平时用什么化妆品啊？（如果对方真的告诉你，不要继续聊化妆品的事情，不要忘记自己该做的事情。） 您的妆化得真得体，好自然啊！ 您头发烫得很自然，我也想去烫一个，不知道您在哪里烫的。
告诉对方接下来你要做什么	既然和顾客一起进了试衣间，因此引导就占据了试衣的全过程。接下来就要告诉对方该做什么，甚至怎么去做，都要表达得清清楚楚，有时还要亲自做动作给对方看，乃至脱光自己的衣服！	王小姐，您先解一下外衣，我帮您做一个专业的美体设计，当我是您的身材医生好了。 上面这句话也包含了几个重要信息： 1. 解一下外衣，只是在下命令，也是很明确的指令，叫对方解开外衣。 2. 专业的，这个词已经出现过几次了，不仅仅嘴巴上那么讲，同时要用自己的实际行动证明自己是最专业的。 3. 设计，是个特别专业的词汇，接下来会有各方面专业素养的体现，其中身材的分析和对她美体的设计是最能够体现专业程度的，也是最能打动对方的。

（续表）

顾客进试衣间后的步骤和话术		
步骤	描述	话术
告诉对方接下来你要做什么	既然和顾客一起进了试衣间，因此引导就占据了试衣的全过程。接下来就要告诉对方该做什么，甚至怎么去做，都要表达得清清楚楚，有时还要亲自做动作给对方看，乃至脱光自己的衣服！	4. 身材医生。相信大家对医院和医生从来就不陌生，我们去医院，首先闻到的是空气中弥漫着特有的药味，看到的是医生个个穿着白大褂和不苟言笑的神情，还有就是病人和其家属严肃的表情……接着医生只用短短的三两句话就可以给病人开药： 医生问：“哪里不舒服？”回答：“头痛并咳嗽。” 再问：“为什么会头痛呢？”回答：“天气变化快，衣服穿少了。” 再问：“之前有这种情况吃了什么药呢？”回答：“打吊针，吃点感冒药就可以了。” 最后一句：“那就打吊针并吃点白加黑吧。” 多简单的对话，高效实用。 在这里之所以用“身材医生”这个词，也是为了给顾客更深刻的印象，同样还是在表明自己的专业水准！
动作语言要点	试衣间一般都不会太大，在比较小的空间，只有门店销售人员和顾客两个人，离得很近，而且还有身体上的亲密接触。在这样的环境下，门店销售人员的语言、动作、行为、举止等就显得尤为重要了，因此要特别注意。	1. 说话一定要温柔。不管是指令，还是接下来的建议，或者需要顾客所做的动作，都要用最温柔、最动听的声音和对方沟通交流，而且还要做到声音、语言、动作等与对方高度同步，以便快速进入对方的频道。 2. 要显示出自己的专业、动作的娴熟。从一开始就一直强调专业，在试衣间狭小隐蔽的空间正好可以很完整地展现出来，不仅要做到业务方面的专业，还要有很娴熟的动作，尤其在后面的试穿、调拨手法等方面。 3. 表现得大方得体、从容自然。有时经常会遇到一些有某些生理缺陷的顾客，一开始就想拒绝别人进入试衣间，因为她担心别人的冷眼和笑话，那样会伤她的自尊心。因此，无论看到什么，都要保持沉着冷静、大方得体、从容自然，不要有夸张的表情出现。 4. 记得一直要提醒顾客看镜子。在试衣间里一定要时时记得提醒顾客看镜子，很多时候门店销售人员是边讲解边做动作示范的。 顾客进了试衣间，刚才一直服务的门店销售人员要想方设法跟进去，那么等会儿要拿适合的内衣给顾客试怎么办？难道要自己出去找几分钟再返回试衣间，而让顾客

（续表）

顾客进试衣间后的步骤和话术		
步骤	描述	话术
动作语言要点	试衣间一般都不会太大，在比较小的空间，只有门店销售人员和顾客两个人，离得很近，而且还有身体上的亲密接触。在这样的环境下，门店销售人员的语言、动作、行为、举止等就显得尤为重要了，因此要特别注意。	赤裸身体在试衣间等吗？如果是这样会很麻烦，估计不到一分钟顾客就穿上衣服准备离开了。 这里非常讲究的是门店销售人员间的配合要及时、高效、合理。 门店销售人员间该如何配合呢？ 一般来讲，一直给顾客讲解、服务的那个门店销售人员为主负责人，她一般是随顾客一起进入试衣间；在外面（帘外、门外）的门店销售人员为辅责任人，主要是里面的门店销售人员给她指令，最为重要的环节就是快速地挑取合适的产品给顾客试穿。

第5节 巧对顾客还价，成交非你莫属

问题 1. 如果顾客说“你的东西太贵了”，你该怎么办？

问题 2. 如何应对还价的顾客，促使其放下还价的念头、迅速成交？

无论产品价格有多低，顾客仍有可能提出价格异议，这是门店销售中最典型的问题，也是门店销售人员最头疼的问题。但是，有价才有市。顾客对价格有异议时，至少说明顾客还有购买的欲望。你要做的是巧妙处理顾客的杀价问题。

人们总是愿意拿最少的钱买最多、最好的东西。即使产品的价格已经降为最低，但有些顾客仍会提出异议。因此，销售价格较高产品的门店销售人员不必为价格高于同行而苦恼。越害怕价格问题的门店销售人员，价格问题反而会越多。只要门店销售人员在处理价格问题时，注意端正态度，正确看待产品价格问题，就可以有效解决价格异议。

门店销售人员到底在卖什么？如果你“只卖产品”，就会陷入与客户无休止的价格争论中。总会有顾客抱怨“太贵了”“我负担不起”“手头上的现金不足”“价格比预期的高”。事实上，门店销售人员卖的不仅仅是产品，更要卖服务、卖价值，不仅要引导顾客消费，更要帮助顾客建立正确的价值观念和投资观念。只有这样，门店销售人员才可能真正闯过价格异议的“鬼门关”，快速提升自己的销售业绩。

针对价格异议，门店销售人员需要采取以下相应措施：

1. 告诉顾客：买便宜货是一种冒险

如果门店销售人员在告诉顾客产品没有折扣的同时，能让顾客相信产品的质量、服务、工艺等绝对有保证，顾客就会轻松接受你的价格。

顾客："这玩具价格贵了点！"

门店销售人员："张小姐，我们以前有许多老顾客也这么说过，他们觉得这个玩具的做工、智力开发方面的功能都很好，就是价格稍微贵了点。确实，如果单看标价的话，会让人有这种感觉，不过这是因为我们的产品设计新颖、做工精致，采用了环保油漆，所以孩子们特别喜欢，买了后爱不释手。如果买一个孩子玩一两次就扔的玩具，这样反而不划算，您说是吗？"

顾客点头表示默认。

门店销售人员："您看这玩具的做工和质量都很好，孩子也很喜欢，买回去后可以玩很长时间，这样的玩具其实更便宜呢。我帮您包起来吧！"

2. 不是越便宜越好

让顾客认识到买产品关键是要看是否适合自己，而不是越便宜越好。

3. 强调产品的卖点

阐明产品的核心价值和品牌影响力能够满足顾客的哪些情感需求、象征性需求等。

4. 提醒顾客

他们买的不仅仅是一种产品，更是一种健康、时尚、美好的生活方式。

5. 引导顾客思考

质优价高的产品不只是一种消费，更是一种正确的投资。

门店销售人员总会引导顾客关注产品的价值所在，并及时将价格异议转向帮助顾客建立正确的投资观念。持有投资观念的顾客，自然不会忽略品牌、公司文化、服务或产品信誉度等，更不会轻易拒绝购买产品。

如果顾客提出问题，说明对方很可能已经产生了决定要买的信号！

此时他可能希望你给他一点点鼓励，但是不要掉入对方的“还价圈套”。

如：“你们东西太贵了！”如何回应？

“你们衣服会起球的！”如何说？

面对顾客还价时的万能回应公式是：

“是的……正是……”“是的……同时……”

如何应对还价问题？

一句话应对顾客还价	
应对的三个原则	三种还价方式
态度坚持	还个位数
目光坚定	还十位数
语气坚决	还百位数

例如，一件产品 808 元，顾客坚决要讲到 800 元，你卖不卖?

态度坚持，1 分也不能还价，且要语气坚决、干净利落。

1. 还个位数的应对方式

当顾客要抹掉零钱时，我们要站在顾客的角度告诉对方：“抹掉的零钱什么也买不到，你只是觉得抹掉几块钱心里舒服点，可是我们财务每天都查账，您就理解一下吧！”

2. 还十位数的应对方式

当顾客要抹掉 68 元时，你可以说 ：“今天我可以为您抹掉 68 元，明天我也可以为别人便宜 88 元，为了保障你的权益，我们店铺坚持定价销售。”随之将顾客的注意力转移到货品的卖点上。

3. 还百位数的应对方式

顾客有可能超过预算了。你可以说:“看得出来，您是一个勤俭持家的好女人，有时候给自己买一件品质好点的东西也是有必要的。”（眼睛盯住对方几秒钟，坚定地说：“但是很对不起，我们不还价。”）

销售的最高境界是心口合一

因为还价没有处理好，除了门店销售人员难过，顾客也难过!

在门店销售中，顾客讨价还价是非常正常的。需要指出的是，销售人员不要总在价格上与顾客纠缠，因为价格永远对销售员不利。事实上，一个总是通过降价来达成销售的销售员不是优秀的门店销售人员。

经验告诉我们：价格对顾客而言永远都是偏高的，他们总觉得商家多赚了自己的钱。所以，关键是销售员要让顾客觉得商品值这个价格。以下这些常见的销售场景就是门店销售员经常会犯的错误。

容易犯错的销售场景		
场景： 顾客：“听说你们的产品还不错，就是贵了点。”		
销售员 1	“我们的产品比其他产品要高档、耐用，富贵花园（当地高档住宅）的人很多买我们的品牌，觉得有面子。”	显然这句话说明销售员对产品的定位是“使用感觉比较好 + 高档产品高端消费”，这正好与顾客的定位相左。也就等于对顾客进行了错误的暗示：这款产品是高端产品，是给大款用的，所以才贵。这时顾客会想，那等以后有钱再说吧。
销售员 2	“电器是用一辈子的，要买就买好的。”	等于告诉顾客正确的价值取向是“买贵的才是好的”。换言之，等于是同意了顾客的看法：这款机型就是贵！但顾客其实想买的是好而不贵的产品，销售员这样应对就不是要成交，而是要断交，根本没和顾客说到一块儿去。
销售员 3	“我们的产品比别人的口碑都好，这您也知道，贵也贵得实在。”	还是在“贵”上打转转，并没有从顾客的立场解释为什么这款产品其实并不贵。
销售员 4	“拜托，这样子还嫌贵！”	暗示顾客如果嫌贵就不要买，有看不起顾客的味道。
销售员 5	“小姐，那您多少钱才肯要呢？”	过早陷入到讨价还价的被动局面，很容易使顾客对货品质量失去信赖，纯粹属于销售员自己主动挑起价格战，使得价格谈判代替商品价值成为决定顾客购买的关键因素。
销售员 6	“打完九折下来也就 180 元，已经很便宜了。”	属于销售员主动让步，使自己在后续的价格谈判中失去了回旋的空间。
销售员 7	“连我们这里都嫌贵，那你在全中国都买不到便宜的了。”	显得太狂妄自大，令顾客感觉很不舒服。
销售员 8	“无论我们标价多少，顾客都会觉得贵啦。”	抢白顾客，暗示顾客不讲理。

顾客的需求本来是“好用 + 实惠”，以上场景中的销售员都没有从这一根本点出发解释“好用 + 实惠”。你不从顾客的买点出发，就没有交易可言了。

抱怨产品价格贵，这是多数顾客会说的话，对于这类顾客，销售员与顾客对价格进行反复讨论是最不明智的。销售员不能因为顾客说贵了，就惊慌失措或者生气。而应该采取“先价值后价格”的计策，通过列举产品的核心优点，在适当的时候与比自己报价低的产品相比较，列举一些权威专家的评论及公司产品获得的荣誉证书或奖杯等实例，从多方面引导认可“一分价钱一分货”的道理，让顾客充分认识到产品能给他带来的价值，消除顾客认为“昂贵”的感觉。

门店销售人员要告诉顾客一个道理，即买东西其实不一定是越便宜越好，关键要看是否适合自己。所以销售员可以通过强调商品的卖点，告诉顾客付太多的钱并不明智，但付太少的钱风险更大。付得太多，你只是损失掉一点钱，但如果你付得太少，有时你会损失所有东西，因为商业平衡的规律告诉我们：想付出最少而获得最多几乎不可能。销售员可以如此引导顾客认识，并询问顾客的看法。如果对方默认或点头就立即用假设成交法建议顾客成交。所谓假设成交法就是假定顾客已经决定购买，而在细节上询问顾客或者帮助对方做出决定。使用假设成交法前应该首先询问对方一两个问题，在得到顾客肯定的表示后再使用效果会更好。

对此，门店销售人员可以这样说：“确实，我承认如果单看价格，您有这种感觉很正常。只是我们的价格之所以会稍微高一些，是因为我们在质量上确实做得不错，我想您一定明白买对一样东西胜过买错三样东西的道理，您也一定不希望东西买回去只用几次就不能再使用了，那多浪费呀，您说是吧？我们这个品牌的专用灯具使用寿命长达 8000 小时，是普通白炽灯的 8 倍。又具有节能功能，能达到白炽灯 60 瓦的亮度，但是耗电量只是白炽灯的 20%。虽说买时贵，但您用时就便宜啦。我给您算笔账您就清楚了。”

先价值后价格：

销售员在采用“先价值后价格”的策略之前，要学会收集和整理一些非常经典的说服辞令，譬如：“买对一样东西胜过买错三样东西”。有许多顾客往往就是因为受这些非常新颖的语句的触动而改变了自己的购买习惯。

在推介产品的过程中，销售人员要把握住产品的品质、工艺与外观等方面的优点，同时采用比较法、拆分法等计策向顾客友好地解释产品物超所值的原因，设法让顾客理解你产品的价值和认同由此带来的利益，让他们相信产品的价格与价值是相符的。另外，在列举要点的同时，销售人员可引用一些感性的数值，或者做一些辅助性的演示工作，加强销售话术的可信度。

增加销售话术的可信度	
显示价格便宜	物美价廉无疑是绝大多数消费者的共同愿望。零数定价就是利用这种心理倾向，给消费者一种价格偏低、商品便宜的感觉，使之易于接受。虽然价格相差很小，但在消费者心理上却产生相当悬殊的印象。
体现定价精确	零数定价给消费者另一个明显的感觉是：商品定价非常认真、精确，因而感到价格准确、合理，进而产生了一种信任感，避免了购买时的价格争议和讨价还价。
暗示商品降价	有时制定并改变零数价格，使零数从大到小，呈现出一种逐渐减少的趋势，这样可以给消费者一种正在降价的错觉，促进其购买。比如，门店定价 99.17 元，而不是 99.97 元，容易使消费者产生从 100 元、99.97 元降到 99.17 元的印象。
运用数字寓意	由于民族习惯、社会风俗、文化传统和价值观念等因素的影响，消费者往往会对某些数字产生偏爱或忌讳，例如，许多西方人讨厌“13”，认为“13”不吉利；而东方人大多喜欢“8”，认为“8”代表吉祥如意。在我国南方地区，零售商和用户似乎对“8”字比较偏爱，所以，很多门店根据消费者的这种数字含义要求，有意识地选择消费者偏爱的数字，比如 44.51 元（事事如意）、163.5 元（一路顺风）等，投消费者之所好，促进销售。当然应该提醒的是，门店不要过分看重数字的这种心理功能。

第6节　销售始于购买，培养终身顾客

问题1. 为什么说销售始于购买？

问题2. 如何培养终身顾客？

国外的一名著名的门店销售大师曾经这样说道：“销售是一种长期的市场行为，所以对于销售者来讲，即使与顾客的交易完成后也要和顾客保持一定的联系。”在门店销售中，一些销售人员把达成交易视为与顾客关系的结束，认为交易完成后再没有必要与顾客联系了。其实，这种想法是错误的。很多销售者在门店销售行业干了很多年，而自己的业绩却一直都没有得到很大的提升，一个根本原因就是认为自己与顾客的交易完成了，至于售后服务那都是顾客主动找上门来的事情。

美国专业销售人员门店销售者协会和国家销售执行协会经过统计分析，得出以下统计数据：2%的销售是在第一次接洽后完成的；3%的销售是在第一次跟踪后完成的；5%的销售是在第二次跟踪后完成的；10%的销售是在第三次跟踪后完成的；80%的销售是在第四至第十一次跟踪后完成的。

事实上，有很多销售人员不能坚持对顾客进行跟踪，第一次洽谈后，就不去管了。

乔·吉拉德不是公司老板，他只是一个汽车销售人员，然而他是一位创世界纪录的销售员。他曾经连续15年成为世界上售出新汽车最多的人，其中，年平均售出汽车1300辆。销售是需要智慧和策略的事业，在每位销售人员的背后，都有自己独特的成功诀窍，汽车销售大王乔·吉拉德是怎样做的呢？

乔·吉拉德在交付车的时候会拿出一沓大约25张名片放进新车的储物仓里，然后向顾客宣布：“××先生，这下无论你到哪儿去，我都跟着你了。记住我的话，每次你给我介绍一位顾客，你都会得到25美元。还有，别忘了告诉你的朋友们我是怎么照顾你的。还要记住一定要将你的名字写在名片的后面，你可以让他们来我这儿之前先去其他商店问问价钱。别忘了。”

乔·吉拉德说：“我拥有世界上最大的民间销售网。每卖一辆车，我就发给顾客一沓名片，他们也就自动地成为我的‘雇员’。我教他们这样说：‘去找我的朋友乔吧，他绝不会亏待你的。’”

在把自己的商品成功卖出去之后，乔·吉拉德需要做的事情就是，将顾客及其与买车子有关的一切情报全都记进卡片里，同时，他会为买过车子的人寄出一张感谢卡。他认为这是理所当然的事，但是很多销售人员并没有这样做。所以买主对感谢卡感到十分惊奇，因此印象特别深刻。

乔·吉拉德将顾客当作长期的投资，绝不在卖掉一部车子后即置顾客于不顾。他本着来日方长、后会有期的想法，希望顾客为他介绍亲朋好友来车行买车，而针对成年者，设法将车子卖给他们的子女。卖车之后，他总希望顾客能够感到买了一部好车子，而且能永生不忘。顾客的亲戚朋友想买车时，便首先会考虑找他，这就是他销售的最终目标。

他认为所有已经认识的人都是自己的潜在顾客，对这些潜在的顾客，他每年大约要寄上12封广告信函，每次都以不一样的色彩和形式投递，在信封上，他尽量避免使用与他的行业相关的名称。

1月，他的信函是一幅精美的喜庆气氛图案，同时配以几个大字“恭贺新禧”，下面是一个简单的署名：“雪佛兰轿车，乔·吉拉德上。”除此之外，再无多余的话。就算是遇上大拍卖，他也绝不提买卖。

2月，信函上写的是：“请你享受快乐的情人节。”下边依然是简短的签名。

3月，信中写的是：“祝你圣巴特利库节快乐！”圣巴特利库节是爱尔兰人的节日。也许你是波兰人，或是捷克人，但这无关紧要，重要的是他不忘向你表示祝愿。

然后是4月、5月、6月……

不要小看这几张印刷品，它们所起的作用并不小。不少顾客一到节日，往往会问夫人：“过节有没有人来信？”

“乔·吉拉德又寄来一张卡片！”

如此一来，一年中就有12次机会，使乔·吉拉德的名字在愉悦的气氛中来到这个家庭。乔·吉拉德从来没说过：“请你们买我的汽车吧！”不讲推销的推销，反而给人们留下了最深刻、最美好的印象，等到他们打算买汽车的时候，第一个想到的往往就是乔·吉拉德。

美国哈佛商业杂志曾经发表的一篇研究报告指出：多次光顾的顾客比初次登门的人可为企业多带来20%~85%的利润。可见，老顾客对于销售者的销售业绩的发展具有非常重要的作用。因此，在现实中，有经验的业务高手是从保持现有顾客而扩充新顾客的，他们不会放过在交易完成之后与顾客的进一步联系，销售完成后他们仍然积极主动与顾客联系。事实上，很多忠诚的老顾客都是通过销售完成之后的有效沟通确立持久联系的。许多销售人员都抱怨很难增加顾客，整天忙于联系新顾客，与顾客成交之后，又不与顾客保持联系，甚至在产品出现问题之后也摆出一副事不关己的模样。而只要我们仔细观察一下，这样的销售者干了几年，往往业绩停滞不前。确实，我们可以想象一下，对于这样的销售员，顾客再有需求时，还会考虑购买你的产品吗？

销售人员完成交易后与顾客经常保持联系，顾客下次购买同类产品时，会首先想到你，而且还会代你向亲朋好友推荐。由顾客推荐而来的顾客愿意与你做生意的比较多，生意往来也比较持久，并且会将他们的新朋友介绍给你，形成一个广泛的顾客群，从而使你的顾客源源不断，有利于建立稳定的顾客群。那么，当销售完成后，作为一位销售者应该怎么做呢？

销售完成后做什么	
主动询问顾客的服务要求	利用这种方式，顾客不但会对门店销售人员展开的联系活动感到满意，而且还可以为今后保持更好的合作关系奠定坚实基础。因此，在主动询问顾客的具体服务要求时，门店销售人员既要让顾客体会到自己对他的友好关心，又要有意识地为今后的友好联系奠定好基础。 例如：“请问您最近对产品感觉还满意吗？如果遇到什么问题您随时都可以与我联系，我也会经常对您进行访问的……”“产品到货有一个月了吧？您还习惯这种新产品吗……”
建立顾客商品档案，主动与顾客沟通	建立一份顾客和他们购买的产品的清单，当产品用途及价格出现任何变化时及时通知顾客。有的门店销售人员会在保修期满之前及时通知顾客，告诉他们带着产品来做最后一次检查。
适时回访顾客，与顾客建立感情	回访并不一定是为了销售，主要把握一个原则，即尽可能使拜访行为更自然一些，不要使顾客觉得门店销售人员的出现只是有意讨好，更不要因拜访而干扰顾客的正常生活。可以找出许多理由去访问正在使用自己所销售产品的顾客。可以了解产品使用情况为理由，也可以了解顾客意见为理由。一般在售出产品后的三天内，门店销售人员就应同顾客及时联系并询问顾客是否使用了该产品。如已经使用，则应以关怀的口吻询问使用情况如何。如没有使用，则应弄清楚原因。产品售出一周后，再与顾客联系，这时，门店销售人员应该对顾客进行当面拜访，并尽可能带上另一套产品。同时可随时告诉顾客有关本企业产品的最新动态，以满足顾客的信息需求。这样可以方便顾客随时掌握相关产品信息，从而更加关注你的最新产品。

付钱之后的工作标准	
标准 1	付钱≠销售结束
标准 2	微信扫码、加好友
标准 3	引发朋友圈分享

六部曲（三环节）总结		
第一环节：试衣前	生客熟客套近乎 成套试穿不马虎	非成套销
第二环节：试衣中	顾客试衣我找衣 两次拒绝才放弃	试穿件数
第三环节：成交后	付钱依然有机会 谢谢光临莫早提	继续销售

工具箱：门店销售的要点总结	
门店 VIP 管理十大症状	1.VIP 部门人员定位不清晰 2.VIP 管理人员缺乏专业技能 3. 没有 VIP 特制产品 4. 缺少一对一的服务机制 5.VIP 营销手段的同质化 6. 对 VIP 部门没有 / 不懂考核 7. 为争夺 VIP 所采取价格战、促销战 8. 想让全部顾客满意 9. 行业内 VIP 缺乏忠诚度 10.VIP 贡献率较低……
管理好顾客关系带来的好处	1. 让顾客满意　2. 使顾客忠诚
顾客关系管理两大要点	1. 个性化管理　2. 人性化服务
市场细分五步法	1. 地域细分　2. 性别细分 3. 年龄细分　4. 习惯、偏好细分 5. 消费能力细分（价格、价值）
顾客四大消费心理	1. 价格　2. 价值　3. 附加价值　4. 符合价值
大顾客细分三步骤	1. 高价值顾客　2. 影响力顾客　3. 双料大顾客
让顾客忠诚三部曲	1. 与顾客“谈恋爱” （1）发自内心　（2）投其所好　（3）爱屋及乌 2. 和顾客“领结婚证” 3. 同顾客一起“生个孩子”

培养终身客户

终身顾客的价值在于，再次购买时他对店面、门店销售人员已经充分信任，无须门店销售人员再浪费时间去解释我们店有多么诚信、我们的商品有多么优惠、质量有多么好，只需要向忠诚顾客展示我们的新品，他们只要中意，便会欣然接受。而且忠诚顾客会像义务宣传员一样给我们打广告、树口碑。

如果你的店面低于50%的业绩是由终身顾客产生的，那说明你的终身顾客维护还没做到位；如果超过80%的业绩都是由终身顾客产生的，那么恭喜你，你的顾客关系维护得非常不错。

1. 管理你的VIP客户

某门店销售人员将这几年来收集的回头客信息进行了再次整理发现：回头客的记录信息非常简单，除了姓名，就是电话，回头客数量也不多，加起来也只不过50多位，我们尝试着拨打了电话，结果好多电话号码都成了空号，能够打通的几个号码，本想邀约顾客来参加我们的促销活动，结果发现接通电话的顾客并不上心，甚至对我们的电话非常反感。

VIP顾客的管理不是几个电话、几句问候、几个短信、几封促销信息的信件，而是对顾客长期持续服务与真诚挂念。专卖店形成以建立忠诚顾客为导向的服务意识与奖励机制，能最大限度地激发门店销售人员维护VIP顾客的激情与动力。

2. 提升顾客回头率

工具箱：提升顾客回头率	
建立关注忠诚顾客的店面文化	开展针对回头率的销售竞赛。 不断强调忠诚顾客的重要性。
管理方式的规范与奖励	建立会员招募的方式。 用奖励方式刺激会员的产生。 定期开展有针对性的与特殊的服务活动。 定期或不定期举办特设的促销活动。 顾客介绍顾客可以双倍积分或获赠礼品。

做好客户的售后工作：电话回访

电话回访的售后流程	
回访第 1 步： 结构合理、编排问题	当拿起电话打算打给顾客做回访调查时，你是否已经想好了你要问对方的问题？你是否已经设计好何时用开放式、何时用封闭式问题？如果这些都没有事先准备好，那么这将是一次糟糕沟通的开始。
回访第 2 步： 有针对性地选择回访时间	不要在顾客繁忙或休息的时候去回访。可否想象，凌晨 3 点，你睡眼惺忪地接起电话，一个甜美的女声告诉你要对你昨天买的某个产品进行满意度回访，那时的你是什么样的心情？可能再甜美的声音也冲不灭你心中被人打扰的怒火。那时的你，会配合调查吗？同样的，对于背景调查来说，你选择的沟通时间合适吗？你是否选择了比较繁忙的工作时段去做背景调查？你是否已经模拟过对方回答你的问题需要耽搁多长的时间？ 一般来说，中午 11 点—12 点的时间段，下午 4 点后的时间段，都是接近下班的时候，大多数门店销售人员会在那个时段把手上紧张的工作稍稍放松一点，那时进行顾客回访，不配合的人员比较少。
回访第 3 步： 打动顾客听下去	对于电话另一头的人来说，你的语音是标志你修养与素质的唯一名片，拿起话筒前要先调节好自己的情绪，电话这头微笑着的你，对方是可以通过声音感受到的。注意礼貌的问候、语气和节奏的掌控，避免给别人一种冷冰冰、公事公办的态度，要知道，对方无论选择告不告诉你答案，对他来说，没有半点损失。结束时，不妨加上一条祝福语，让对方感受到你获得帮助时的愉悦之情，这样，双方当天都会有一个好心情。

附录（连单检核工具箱）

《门店连单成交系统》检核表

店铺名称：巡店日期　　年　　月　　日

序号	课程知识点	具体细节	得分					意见与建议
			1	2	3	4	5	
1	打招呼	店铺标准固话						
2	送赞美	赞美顾客一个点						
3	套近乎	顾客回应与最后的非销话术						
4	产品推荐	针对三种类型的顾客展开主动式 / 被动式销售服务						
5	鼓励试穿	顾客看重衣服直接往试衣间指引，如顾客不去就用一搭多原则						
6	连单切入点	正确的连单是在试衣间旁鼓励试穿（“为了体现衣服的整体效果，我建议你整套试穿”）						
7	顾客试衣我找衣	在顾客试衣服的时候，我们在店铺 / 衣橱找衣服，找不同风格						
8	顾客试衣出来	赞美顾客，赞美衣服，一起赞美（“因为你很……，所以这套衣服穿在你身上显得你……”）						
9	产品 FABE 讲解	在解答顾客疑虑的时候是否采用销售 98 问 / 或常见 7 种销售回答话术						
10	推下一套服装	非销话术，了解顾客平时的业余爱好，推不同风格						
11	成交逼单技巧	在顾客犹豫要哪种款式 / 颜色时为顾客做出选择						
12	谢谢光临	顾客买完单是否继续销售，谢谢光临莫早提						

（续表）

序号	课程知识点	具体细节	得分					意见与建议
			1	2	3	4	5	
13	动手大于动口	全过程动手大于动口知识点的贯穿应用						
14	顾客离店 5 分钟	短信内容（感谢短信）						
15	顾客离店 3 ~ 7 天	洗涤保养（顾客离店，薄的衣服 3 天，厚的 7 天）						
16	顾客离店半个月	回去半个月打电话或发短信关心穿着感受						
17	顾客离店一个月	短信标准化运作（关心，新品、促销类短信）						
18	微信顾客分类	价格、价值、附加价值、符合价值顾客分类						
19	一对一服务方式	顾客发短信时，自己的顾客自己维护						
20	顾客数据管理	按照要求填写电子版 VIP 顾客档案，并上传公司后台						

主推款 1+N 搭配销售计划分析表

主推款	现有库存颜色 / 码数							卖点提炼	搭配款式			
	颜色	S	M	L	XL	XXL	合计件数		上装	下装	陈列区域	风格 / 场合

顾客档案登记表

尊敬的顾客，欢迎您成为 ××× 品牌会员，优越尊享会员价及会员积分奖励，现请您如实填写以下信息，以便我们不时将精美礼物及商品资讯送达给您，我们将对以下所填信息进行保密。

一、基本信息

姓名： 性别：

出生： 年 月 日 身高： cm 体重： kg

电话/手机： 电子邮箱：

职业： 工作单位：

通信地址： 邮政编码：

爱好： 生活休闲方式：

二、衣着规格

上衣： 腰围： 裤长：

喜欢本品牌服饰的类别：T 恤□毛衫□夹克□衬衫□西服□单西□裤子□貂毛制品□皮革制品□饰品□

喜欢本品牌服饰的颜色：红□青□黑□白□灰□黄□绿□棕□蓝□

三、销售动态信息

1.

2.

3.

4.

VIP 卡号：　　　　　　　　入会日期：

序号	日期	类别	货号	价格	积分	营业员	顾客签名	备注

年度总积分：　　　　　　　　　　　　　顾客签名：

注：

1. 凡在 ××× 专卖店或专柜购买任意一件 8.8 折以上商品，每消费满 1 元累计 1 分。

2. 一年以内积分满 2000 元后立返 200 元商品，积分满 4000 返 400 元商品，以此类推，积分满 6000 以上另送精美礼品一份。

3. 一年内累计消费 3000 元，可成为 VIP 金卡用户，金卡用户可享受 8.8 折优惠。

VIP 金卡会员权利：

1.VIP 卡的申办、升级与补办。

2.VIP 生日当天购买享受全场商品 8 折优惠同时享受积分。

3.VIP 生日当天可在专卖店或专柜领取精美礼品一份。

门店连单产品七大风格分析表（以服装产品为例）

风格	产品比例	主体面料	AB 法则		主要颜色	场合
			A	B		